高职高专能力导向市场营销学科规划教材

网络广告策划

（第2版）

闫 芳 郭宏霞 主编

U0744306

WANGLUO
GUANGGAO
CEHUA

WANGLUO
GUANGGAO
CEHUA

WANGLUO
GUANGGAO
CEHUA

WANGLUO
GUANGGAO
CEHUA

WANGLUO
GUANGGAO
CEHUA

WANGLUO
GUANGGAO
CEHUA

WANGLUO
GUANGGAO
CEHUA

电子工业出版社
Publishing House of Electronics Industry
北京·BEIJING

图书在版编目（CIP）数据

网络广告策划 / 闫芳，郭宏霞主编. —2 版. —北京：电子工业出版社，2017.8

高职高专能力导向市场营销学科规划教材

ISBN 978-7-121-32188-7

Ⅰ. ①网… Ⅱ. ①闫… ②郭… Ⅲ. ①网络广告－高等职业教育－教材 Ⅳ. ①F713.852

中国版本图书馆 CIP 数据核字(2017)第 161182 号

策划编辑：晋　晶
责任编辑：袁桂春
印　　刷：北京虎彩文化传播有限公司
装　　订：北京虎彩文化传播有限公司
出版发行：电子工业出版社
　　　　　北京市海淀区万寿路 173 信箱　邮编 100036
开　　本：787×1092　1/16　印张：13.75　字数：288 千字
版　　次：2012 年 6 月第 1 版
　　　　　2017 年 8 月第 2 版
印　　次：2024 年 8 月第 12 次印刷
定　　价：36.00 元

凡所购买电子工业出版社图书有缺损问题，请向购买书店调换。若书店售缺，请与本社发行部联系，联系及邮购电话：(010) 88254888，88258888。

质量投诉请发邮件至 zlts@phei.com.cn，盗版侵权举报请发邮件至 dbqq@phei.com.cn。

本书咨询联系方式：(010) 88254199，sjb@phei.com.cn。

推荐者序

随着互联网的发展，网络作为一种媒体，越来越受到企业的重视。中国网络广告市场的发展呈现出以下一些趋势。

1. 广告主更注重点击广告后的效果

网络广告经过近10年的发展，广告主逐渐从迷茫走向了理性，对网络广告的投放都越来越注重投资回报率，也就是说，广告主对网络广告的效果开始从单纯地注重流量和点击量转变为越来越注重受众浏览产品广告后的行为，广告主已经从"购买媒体"向"购买消费者"转变。更多的广告主通过线上线下整合式营销扩大了广告效果。

2. 第五媒体出现，移动互联网广告开始发力

第五媒体是以手机为视听终端、手机上网为平台的个性化即时信息传播载体。随着三网融合的进一步推进、智能手机的价格下降和智能手机系统的逐步完善，手机的核心价值从普通的通信工具发展为具有媒体化特征的智能终端，这也就意味着移动终端已经有条件成为新的营销渠道，移动互联网广告开始起程，并已开始成为新的网络广告的战场。

3. 网络广告逐渐地域细分，呈现出本地化趋势

目前许多广告主投放广告的网站主要是综合性门户网站，随着网络广告的精准营销要求，地域网站对广告主的吸引力进一步提升，区域性网站有着门户型网站不可比拟的优势。网络广告逐步呈现地域细分，其好处是对目标群体进行充分细分以实现广告的精准投放与有效覆盖，这样会打破门户网站一统江湖的局面。

4. 社交媒体加速发展，社交媒体广告受到广告主的青睐

随着SNS网站的兴起，这些网站上聚集了大量的人气，特别是淘宝网2011年SNS化，因此开发了很多营销工具，这将互动营销、病毒营销、口碑营销进行了很好的结合，网络人气加上营销工具，使这些网站受到了广告主的青睐。企业可以通过这些SNS网站的公司

主页、微博、空间、群组等策划活动、广告，推广品牌理念、企业文化等，这样企业就多了广告发布的渠道，而且发布的广告趣味性、互动性更强，受众更精准。

5. 网络广告效果要求可量化

网络广告效果有一些指标，如点击量、访问量、独立访问量、平均访问深度、浏览回头率、人均店内停留时间、广告页面跳出率、访问路径、退出页面、访问者成本、成交转化率、投入产出比、成交金额、客单价等。随着网络广告的发展，指标会越来越多，越来越精细化。

本书紧跟网络广告的市场变化趋势，加入社交媒体广告、移动互联网广告内容，增加地域性网站发布渠道，重视量化评估网络广告效果，充分突出"网络广告策划"工作过程这条主线，并附有其他案例、训练等内容，让学生始终有一个完整的、系统的工作过程整体思维，有一条完整的、清晰的学习主线，符合企业网络广告策划工作要求和工作规范。

通过本书的学习，学生可以遍历调研、创意、策划、发布、效果评估等完整的工作过程，并培养自己网络广告策划方面的技能，进而顺利完成策划任务，并形成可扩展的、可迁移的、可持续的网络广告策划工作能力。

目前，与本书同一体系的书籍国内市场上少之又少，本书具有前瞻性、先进性、实践性强等特点，对学生学习网络广告策划具有很强的指导作用。

小狗电器（北京）有限公司总经理

目录

项目一　产品推广网络广告策划

项目二　促销活动网络广告策划

项目三　SNS 网络广告策划

项目一

产品推广网络广告策划

学习目标

（1）能够选择合适的信息渠道，及时、准确地收集相关信息，并将收集到的信息进行很好的处理运用；

（2）能够根据任务要求，制定网络广告策划工作计划；

（3）能够根据产品特性和企业整体发展计划，提出独特、有效、有创意的产品推广网络广告策划方案；

（4）能够将社会热点和卖点进行很好的结合，撰写网络广告策划文案；

（5）能够进行网络广告预算；

（6）能够选择恰当的媒体发布网络广告，准确实施策划好的方案，并能在实施的过程中根据实际情况随时进行调整；

（7）能够选择适当的效果评价方法评价网络广告策划效果；

（8）能够撰写具有可行性、创新性、格式规范、内容完备的网络广告策划书；

（9）能够正确理解网络广告策划任务要求；

（10）能够展示并说明自己或小组的策划方案，重点突出，条理清楚，语言流畅，仪态大方，媒体运用恰当；

（11）能够将资料和成果进行分类整理；

（12）能够进行自我管理，发现问题，解决问题，具有团队合作能力、沟通能力、表达能力和创新能力，有责任感和服务意识。

项目任务书

一、任务名称：产品推广网络广告策划

二、任务内容结构

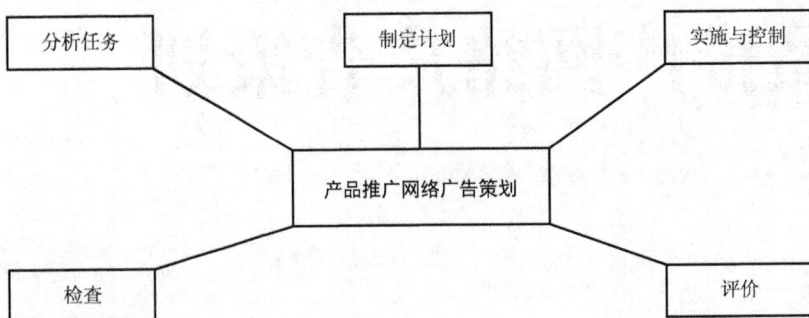

```
┌──────────┐        ┌──────────┐        ┌──────────────┐
│  分析任务  │        │  制定计划  │        │  实施与控制   │
└──────────┘        └──────────┘        └──────────────┘
              ┌──────────────────────┐
              │  产品推广网络广告策划    │
              └──────────────────────┘
┌──────────┐                              ┌──────────┐
│   检查    │                              │   评价    │
└──────────┘                              └──────────┘
```

三、学习任务

产品推广网络广告策划任务

小狗电器旗舰店是一家集研发、设计、生产和销售为一体的吸尘器企业，1999年7月15日品牌诞生，2000年入驻国美、大中，随后又入驻苏宁、五星电器等知名连锁店。从2003年起小狗电器不断研发新技术，不断突破行业难题。2007年6月11日，小狗尝试在淘宝开网店，踏上新征程。2008年，线下库存的6 000多台产品不经意间售罄。2009年，小狗进驻淘宝商城（天猫的前身），打造出D-928爆款单品，截止到2016年3月，全网销量已超过100万台。

从2010年开始，小狗电器连续多年销量远超行业第二名，甚至创造了现象级的季度销量，受到各界关注。2012年小狗电器成立国际事业部，进军布局海外市场，进驻俄罗斯、法国、西班牙等海外市场。

2016年11月28日，小狗电器正式获得股转系统同意挂牌函，成为互联网家电第一股。

目前该公司在天猫、京东、苏宁易购、亚马逊等都有网店，该公司会根据产品特性、公司发展需要，策划广告，推广产品，你的主要任务是：为了推广小狗电器而进行网络广告策划工作。

要写好网络广告策划案，就要了解企业文化、企业产品、销售群体和售后服务，熟悉这些店铺的功能和版块，确定主题，进行创意，撰写文案，确定预算，选择发布渠道和方式，进行效果评估，并撰写产品推广网络广告策划书。任务完成后，能够在班里展示小组

完成的成果，对自己完成的工作进行检查、评价，评价方法恰当。

　　任务说明：请对当地吸尘器市场实际情况和网上吸尘器企业进行调查，在小狗电器官方旗舰店（https://xiaogouds.tmall.com）中选择最新产品，完成网络广告策划。

四、具体任务描述

　　（1）学前准备：创建小组，学习网络广告策划概念和原理。

　　（2）分析任务：确定具体的任务内容有哪些，要对岗位要求、企业发展、公司产品、吸尘器行业等进行了解。

　　（3）制定计划：通过分析任务后，制定计划，并决定开始实施。

　　（4）实施与控制：在进行具体的策划之前，了解网络广告策划的内容，收集案例，学习优秀的创意成果，确定主题，进行创意，撰写文案，选择发布网络广告的时间和媒体，确定网络广告预算，对效果进行评估，并撰写"产品推广网络广告策划书"。在这个过程中，要根据实际情况，对任务的完成情况进行跟踪、控制和调整。

　　（5）检查：对完成情况、是否按期完成、是否符合预期目标等进行自我检查、小组检查和教师检查。

　　（6）评价：对完成任务的过程和成果进行考核评价，并将过程资料和任务成果整理上交。

五、任务成果

　　本次任务的过程资料应该有很多，下面只初步列出几项任务成果。

　　（1）工作计划。

　　（2）策划文案。

　　（3）网络广告策划书。

　　（4）工作总结。

第一部分

上 岗 准 备

一、创建小组

首先，根据任务要求，组建网络广告策划小组，小组规模以 4~6 人为宜，并完成表 1-1。

表 1-1　小组基本情况登记表

小组名称	
小组成员	
小组口号	
小组名称含义说明	
小组标志（Logo）	

小组将以上内容完成后，向全班同学介绍小组名称、标志、名称含义等。介绍完毕后，由教师进行评价，并完成表 1-2。

表 1-2　小组组建评价表

序号	小　组	演讲同学	名称含义说明清晰（50%）	口号响亮，能够体现小组特色（50%）	合　计
1					
2					

续表

序号	小　　组	演讲同学	名称含义说明清晰（50%）	口号响亮，能够体现小组特色（50%）	合　　计
3					
4					
5					
6					
7					
8					

二、经典广告学习

1. 经典广告语赏析

一句好的广告语，能很好地传达品牌文化、产品理念，更好地让目标受众接受，下面先欣赏一些经典的广告语。

M&M 巧克力：只溶在口，不溶在手（见图 1-1）。

图 1-1　M&M 巧克力

[点评]：这是著名广告大师伯恩巴克的灵感之作，堪称经典，流传至今。它既反映了 M&M 巧克力糖衣包装的独特性，又暗示了 M&M 巧克力口味好，以至于人们不愿意使巧克力在手上停留片刻。

百事可乐：新一代的选择（见图1-2）。

图1-2 百事可乐

[点评]：在与可口可乐的竞争中，百事可乐终于找到突破口，它从年轻人身上发掘市场，将自己定位为新生代的可乐，邀请新生代喜欢的超级歌星作为品牌代言人，终于赢得年轻人的青睐。一句广告语明确地传达了品牌的定位，创造了一个市场，可以说，这句广告语居功至伟。

大众甲壳虫汽车：想想还是小的好（见图1-3）。

图1-3 大众甲壳虫

[点评]：20世纪60年代的美国汽车市场是大型车的天下，大众的甲壳虫刚进入美国时根本就没有市场，伯恩巴克再次拯救了大众的甲壳虫，提出"think small"的主张，运用广告的力量，改变了美国人的观念，使美国人认识到小型车的优点。从此，大众的小型汽车就稳稳地执美国汽车市场之牛耳，直到日本汽车进入美国市场。

请说出几则你喜欢的广告，并选出其中的一则，用100字左右进行点评。

（1）你认为其目标顾客是谁。

（2）你认为这则广告是哪种定位方式。

（3）这则广告满足了消费者什么心理需求？

（4）这是一则优秀的广告吗？为什么？

要点：说出一则具体的广告和广告语，说出其定位方式，满足了客户的什么需求，说出优秀或不优秀的原因。

_____

_____

_____

_____

_____

2. 广告故事赏析

经典广告不是简单地想好创意，撰写好文案，而是经常在广告里讲述一个故事，或浪漫，或有趣，或出人意料。在策划网络广告时，也可以进行借鉴这些经典广告。下面先欣赏一些经典的广告故事。

餐桌嘉年华 Tang 果汁创意广告：

对于一家人围在餐桌前一本正经地进餐，孩子不乐意了，连餐盘中的食物都摆出一副苦瓜脸。Tang 果汁就像英雄一般，拯救孩子于死气沉沉的晚餐氛围中，上演了一场餐桌上的嘉年华，瞬间让晚餐变得其乐融融。

在你喜欢的广告中，是否蕴含了广告故事？讲述了一个什么样的故事？是如何讲述的？（提示：不限于网络广告）

_____

_____

_____

_____

_____

3. 思维训练

逻辑的背后

有两个园丁在菜园里为主人干活。园丁甲看到白菜叶上生了虫，便把虫捉住踩死；园丁乙看到了，就埋怨他不该踩死虫。于是，两个园丁吵了起来。

这时，主人带着管家走了过来，责问他俩为什么吵架。

园丁甲说："主人，我看见虫子在吃白菜，就把虫子捉住踩死。我觉得，不踩死虫子，怎么能保护白菜呢？"

主人点头同意。

园丁乙说："主人，虫子也是一条生命，它不吃白菜怎么能活下去呢？而园丁甲却把虫子捉住踩死；我要不阻止他，怎么能保住虫子的生命，乃至整个生态平衡呢？"

主人点头同意。

站在一旁的管家有些迷惑不解。他悄声地问："主人，根据逻辑学上的道理，要是两种观点发生矛盾的话，其中必有一错，而不可能都是对的。"

主人又点点头："你说得对，完全对！"

思考：为什么三种不同的意见都对？请谈谈你的观点。

_____

_____

_____

_____

_____

麻雀翻译官

某国国王喜欢鉴赏麻雀。一位大臣在市场上看到七只来自中国的麻雀，便买了下来，决定用它们去讨好国王。

其实这七只"中国麻雀"中混进了一只本国麻雀，但这位大臣并未看出。

国王一见，果然高兴。他仔细地把它们逐一玩赏了一遍，突然发现有一只本国麻雀混在里边，立即大怒，责问道："这是怎么回事？是不是你自恃博学多识，欺我寡陋无知？"

那人吓了一跳，但他马上回答："陛下果然是火眼金睛，洞察分明，可这只本国麻雀是一位翻译。"

国王见他奉承得体，便哈哈大笑，不但未加处罚，反而嘉奖了他。

思考：这则故事对我们有什么样的启示？

_____

_____

_____

_____

刁钻的顾客

有一次某家食品店收到了一个刁钻古怪的顾客的订货单，上面写道："定做九块蛋糕，但要装在四个盒子里，而且每个盒子里至少要装三块蛋糕。"这位顾客傲慢地说："贵店不是以讲信誉闻名远近吗？如果连这点小事都办不了，嘿嘿，今后还是把招牌砸掉算了。"

思考：如果你是这家食品店的店员，你能想出办法吗？

_____

_____

_____

_____

假如没有电

"假如忽然没电了，会发生什么事情？"

在化工厂工作的爸爸回答："化工厂会发生爆炸。"

当医生的大哥回答道："正在动手术的病人会发生危险。"

当秘书的二姐说："未来得及存盘的文件将丢失。"

超级球迷三哥说："足球赛转播将被迫中断。"

热恋中的四姐说："二人世界将更加浪漫。"

善于持家的妈妈高兴地说："那我们就不用付电费了。"

由于观察问题的视角不同，一家人面对同一问题时，得出了各不相同的答案。确实，世界万物都有着众多不同的方面，如果能从不同角度，用不同寻常的视角来观察和思考寻常事物，往往会有意外的收获，甚至得到事半功倍的奇效。所谓"用熟悉的眼光看陌生的事物，用陌生的眼光看熟悉的事物"说的就是这个意思。

（1）读完这则故事后请讨论：假如市场上没有广告会怎样？

（2）接下来请再讨论：假如市场上没有网络广告会怎样？

_____

_____

_____

_____

4. 其他练习

（1）你认为唐僧女儿的名字是什么，并说明原因。

_____

_____

_____

（2）一个男生暗恋一个女生。男生想写个纸条给女生，说"我爱你"。但是男生不知道女生是不是也喜欢他。所以他的纸条上当然不可以写"我爱你"三个字。请试着帮男生写纸条。

要求：女生收到纸条后，如果女生也喜欢男生，女生当然会明白男生的心意；如果女生不喜欢男生，她也不会产生误解。

_____

_____

_____

三、网络广告学习

1. 基本概念

我们进行网络广告策划时需要了解很多概念和原理，请学习以下一些概念。

（1）网络广告：广告的一种，利用网站上的广告横幅、文本链接、多媒体的方法，在互联网刊登或发布广告，通过网络传递到互联网用户的一种高科技广告运作方式。随着互联网科技的进步，网络广告已经不仅仅指发布在网络上，可以是地铁、楼宇、公交车、公交站等一切有网络覆盖的地方。

（2）网络广告策划：策划中的一个分支，是在充分的市场调查和研究的基础上，对网络广告活动进行全面筹划和部署，以达到最大化网络广告宣传效果的过程。

网络广告的五大要素：广告主、广告信息、广告媒体、广告受众和广告费用。

你觉得网络广告与传统广告对比，有哪些优缺点。

_____

_____

_____

_____

2. 网络广告类型

（1）请通过网络或书籍，自学网络广告的类型，列出网络广告的类型。

_____

_____

_____

_____

（2）通过上面的学习，请按照网络广告类型收集网络广告，将收集到的广告截图以电子版保存，并填写表1-3，说明为什么要收集这则广告。每种类型找到的数目不限，但要求找到的广告类型不少于五种。

表 1-3　网络广告收集表

小组：　　　　　　姓名：　　　　　　　　　　　　　　　　年　月　日

序号	广告类型	广告来源网址	收录的原因

在收集广告的过程中，你发现有哪些网站、网络应用软件（如 QQ）和网络平台可以投放广告，并将结果整理到表 1-4 中。

表 1-4　网络广告投放平台调查表

序号	投放网站（平台）	投放频道（位置）	可以投放什么类型的广告

（3）小组共同学习。通过以上自学，小组共同讨论，看看各自的理解是不是一致，哪些是比较难理解的，能不能小组内部自行解决。不能解决的，向教师请教，将讨论内容进行记录，填写表 1-5。

表 1-5　小组讨论记录

小组名称：　　　　　　　　　　　　　　　　　　　　　　　　　　　年　月　日

讨论主题：
主持人：　　　　　　　　　　　　　　记录人：
讨论内容：   结果：

3. 网络广告点评

请说说你喜欢浏览哪些网站，以及一般会关注哪类广告。

_____

_____

_____

_____

说说你喜欢的网络广告，这些网络广告分别属于哪种广告类型，为什么喜欢这些广告，对这些广告进行点评并填写表1-6。可以截图，把截图和链接附在后面。

表1-6　网络广告点评表

序号	网络广告	投放位置	网络广告类型	网络广告点评

请小组开会讨论，将小组成员列出的广告进行对比，选出优秀的网络广告，把讨论结果进行汇总，并填写表1-7，准备在全班面前展示，供大家共同学习。

表1-7　小组优秀网络广告汇集

姓名	网络广告	投放位置	网络广告类型	推荐理由

各小组分别展示自己的成果，记录其他小组的展示内容，并对其他小组的展示情况进行评价，填写表1-8。

表 1-8　任务阶段展示组间评价表

小组	展示内容	对自己学习的贡献（0~5 分）

第二部分

产品推广网络广告策划任务实施

经过前面的上岗准备，大家对网络广告策划有了初步的认识，下面正式开始网络广告策划练习。

一、分析任务

1. 分析任务要求，确定任务内容

主要任务是完成企业产品推广的网络广告策划方案，根据该公司的工作流程，完成本任务需要有调研、创意、策划案、发布渠道和效果控制等步骤，因此涉及的岗位有市场调研、营销创意、营销策划、市场推广和市场商务等。

你要考虑的问题有以下几个。

- 完成任务需要哪些过程？
- 网络广告策划都有哪些内容？
- 每一步要完成的任务是什么？
- 在完成这些任务前，我们还需要做哪些准备和学习？

根据以上提示，你的任务有哪些？请填写表 1-9。

表 1-9　工作任务分解表

小组：　　　　　　　　　　　　　　　　　　　　　　　　　　　　年　月　日

序号	任务名称	任务内容	备注

序号	任务名称	任务内容	备注

确定任务内容后，你需要了解岗位、企业、行业，通过网上和网下对吸尘器品牌进行调研。

2. 市场分析

网络广告策划的第一步就是要进行详尽的市场调研。市场调研包括对企业的调研、对广告产品的调研、对竞争对手的调研、对消费者的调研，了解在宏观和微观的环境下，企业的生存发展情况，竞争对手的发展情况，广告产品在市场的位置，消费者的消费行为、消费习惯、对品牌的关注度等一系列内容。只有做好了前期的市场调研，才能对后面的网络广告目标有一个明确的定位，为后续的网络广告策划的方向提供依据。

（1）了解岗位要求。可以通过招聘网站，查询企业对网络广告策划这个岗位的要求，包括用人标准、知识体系和能力要求。

查询网站：_____

用人企业的类型：_____

用人企业所属行业：_____

岗位名称：_____

岗位要求：_____

_____

_____

通过上面的查询，请谈谈你对这个岗位的理解：_____

_____

_____

（2）了解企业。在网上查询小狗电器的相关信息，对这家企业有一个全面的了解，包括企业规模、所属行业、销售渠道、组织结构、发展状况、促销活动等。

_____

_____

_____

_____

_____

（3）吸尘器行业分析。

吸尘器有哪些种类？　_____

吸尘器有哪些品牌？　_____

1）网下调研。吸尘器在传统渠道的知名品牌有哪些？小组成员可以利用课余时间去商场以消费者的身份进行咨询，了解吸尘器的产品特性、促销情况、品牌特色等并填写表1-10。

表1-10　实地调查记录表

年　　月　　日

序号	品牌名称	销售区域	品牌特色	促销情况 （促销产品型号、促销方式方法、销售情况）	信息来源

2）网上调研。小组成员通过网络了解有哪些吸尘器品牌通过网络渠道进行销售。下面有几种获取信息的途径。

- 通过搜索引擎，获得间接资料。
- 可以根据淘宝、亚马逊、当当、京东、苏宁易购等平台的销售数据、消费者评价、用户体验、用户推荐、论坛讨论等方式，获得品牌信息。
- 从淘宝的淘品牌中进行查询。
- 随时关注各大门户网站的广告位，了解吸尘器品牌在网上的销售情况。

- 小组成员讨论后还可选择其他途径，如论坛、专业网站、独立网站等。通过以上一些途径获取信息后，请填写表 1-11。

表 1-11 网络品牌调查记录表

年　月　日

序号	品牌名称	店铺地址	销售平台	品牌特色	促销情况 （促销产品型号、促销方式方法、 销售情况、广告截图）	信息来源网站

说明：1. "销售平台"是指淘宝、亚马逊、京东、当当、苏宁易购等第三方平台。

2. 广告截图或表没办法完成的，可以提交电子版。

（4）消费者分析。

什么是消费者分析？如何进行消费者分析？

_____

_____

对吸尘器的消费者进行分析，具体包括以下几项。

1）消费群体的构成（年龄、职业、受教育程度等）。

_____

_____

2）消费者的消费行为（购买动机、时间、频率、数量、地点等）。

_____

_____

3）消费者的态度（对产品的喜爱程度、对本品牌的偏好程度、对本品牌的认知程度、使用后的满足程度、未满足的需求等）。

_____

_____

_____

4）潜在消费者（群体构成、购买行为）。

_____

_____

_____

5）目标消费者（群体特性、群体的共同需求、如何满足他们的需求）。

_____

_____

_____

_____

根据上述五个方面，写出消费者分析报告。

（5）产品分析。

1）产品特征分析（性能、质量、价格、规格参数、材质、生产工艺、外观与包装）。

_____

_____

_____

2）与同类产品比较，有何优势与不足？

_____

_____

_____

根据以上两方面写出产品分析报告。

（6）竞争对手分析。

1）竞争企业现有广告分析（投入时间、投入费用、广告主题、广告创意、广告内容）。

_____

_____

_____

2）其他企业广告。

_____

_____

3）对比分析（目标市场、产品定位、广告表现、广告媒介、广告投入等，有何优势与不足）。

_____

_____

4）企业竞争产品的分析（性能、质量、价格、规格参数、材质、生产工艺、外观与包装、在同类产品中的地位）。

_____

_____

（7）撰写报告。将以上内容整理好后，撰写"市场分析报告"，报告格式和字数不限。撰写好"市场分析报告"后，在小组内部进行交流，将交流结果记录下来，并修改报告。将小组交流成果向全班同学展示，记录其他小组的成果和收获。

_____

_____

（8）阶段任务1——市场分析教师评价（见表1-12）。

表1-12　阶段任务1——市场分析教师评价表

序号	考核内容	分值（分）	得分（分）
1	案例分析理论依据准确，分析准确到位	20	
2	任务内容分析准确	20	
3	市场分析方法运用正确，内容完整、充实	25	
4	能够对数据进行分析，结果准确清晰	25	
5	格式排版正确，语言专业流畅，思路清晰完整	10	
合　　计		100	

说明：这里的评价成绩要计入表1-36，是"教师评价"中"阶段任务评价"的一部分。

二、制定计划

自学如何制定工作计划，工作计划包括哪些内容，并简要说明。

_____

_____

_____

1. 小组计划

根据网络广告策划的工作过程及任务分解，结合本次任务的具体内容，请小组成员共同讨论，制定小组工作计划，并填写表 1-13。

表 1-13 "产品推广网络广告策划"小组工作计划

第___组： 制定时间： 年 月 日

2. 个人计划

请根据小组工作计划，制定个人计划，填写表 1-14。

表 1-14 "产品推广网络广告策划"个人工作计划

制定时间： 年 月 日

三、实施与控制

明确了产品推广网络广告策划任务及其相关信息，并制定了完整的工作计划后，下面开始着手策划工作。

1. 确定网络广告目标

（1）广告的目标。

企业提出的目标：_____

_____

_____

根据市场情况可以达到的目标：_____

_____

_____

根据市场分析的结果，结合考虑产品定位，为本次网络广告确定目标：_____

_____

_____

（2）目标市场策略。

1）企业现有市场状况评价：_____

_____

_____

2）市场细分。

市场细分的标准：_____

_____

_____

评价各细分市场：_____

_____

_____

对企业最有价值的细分市场：_____

_____

_____

3）企业目标市场。

选择的目标市场：_____

_____

_____

（3）产品定位。

对企业产品以往定位进行评价：_____

_____

_____

重新进行定位：_____

_____

_____

根据以上内容制定出个人的网络广告目标，小组讨论之后形成小组的网络广告目标。

_____

_____

2. 网络广告创意

（1）创意学习。

1）收集新鲜有趣的东西。网络广告策划要想有好的创意，需要随时了解最新事件、网络词汇和可以借鉴的广告元素等，请大家收集以下一些资料，编写成文档并上交。

收集本年度热门或流行的网络语（如神马、有木有、给力、宅等）。

收集和当前季节有关的话题或广告创意，至少五条。网络广告、电视广告、平面广告等不限。

_____

_____

_____

今年春节联欢晚会受到热议的节目有哪些？有没有可以借鉴的广告元素、经典台词？

_____

_____

_____

目前，热播的电视剧或电影是什么？有没有电影名或台词正在流行？有哪些产品运用了其中的台词或者场景？请列举。

_____

_____

请列举你认为有创意的网络广告并说明理由，可以截图以电子版上交。

_____

_____

请列举你找到的比较"雷人"的标题党广告（不仅限于网络广告）。

_____

_____

请列举你找到的有趣或搞笑的帖子、图片等。

_____

_____

你了解直播吗？直播都有哪些类型？里面有广告植入吗？你印象深刻的广告有哪些？

_____

_____

请列举其他你认为比较有趣或有创意的故事、谜语、活动、广告语、帖子、策划案例等。

_____

_____

_____

2）创意案例。

🌐 案例 1-1

麦当劳恶搞苹果广告"我们的吸管很独特"

广告主：麦当劳

广告产品："非常没有必要"的吸管

该广告画面如图 1-4 所示。

图 1-4　麦当劳吸管广告

资料来源：http://iwebad.com/case/6287.html

　　麦当劳推出了一款巧克力三叶草奶昔，这款奶昔的特色就是双重口味。普通的吸管只能从底下开始吸，没办法一下吃到两种口味。于是，麦当劳推出了一款"非常没有必要"的吸管。把原先吸管的一头放到杯子里，并在吸管上多开两个开口，这样分层的奶昔就可以同时被吸入……

　　【评析】该则广告假借苹果公司的广告风，拍了一部另类奶昔宣传片。幽默、有个性，令人记忆深刻。

　　请谈谈你的感受。

_____

_____

_____

_____

_____

_____

案例 1-2

中粮房地产广告

广告主：中粮

广告产品：房地产

该广告页面如图 1-5 所示。

图 1-5　中粮房地产动态网幅广告 1

资料来源：房天下动态网幅广告

【评析】这则广告投放在了房天下首页顶端，是一则网幅广告，首先是以 125~140 平方米四居来吸引目标顾客，随着二胎时代的来临，四居成了刚需户型。这个广告的创意在于从左往右会滚动出现看房客户的评价，给人实时聊天评价此房产的感觉。

谈谈你对这则广告的感受。

_____

_____

_____

_____

案例 1-3

淘宝首页广告+店铺首页布局

广告主：真爱浙江专卖店

广告日期：2011 年 4 月 25 日

广告第一部分：淘宝首页焦点图

如图 1-6 所示，点击图片后，流量引入到店铺首页。

图 1-6　淘宝首页焦点图

资料来源：http://truelovezj.tmall.com/

广告第二部分：店铺首页

店铺首页内容可以分为广告信息、促销产品、其他信息三部分，因为整个页面长度有几屏，无法完整截取，下面按照首页内容从上到下顺序分别截图进行说明，把这些图片放在一起即这家店铺为产品推广策划的广告内容。

（1）广告信息

1）全场包邮（见图 1-7）。

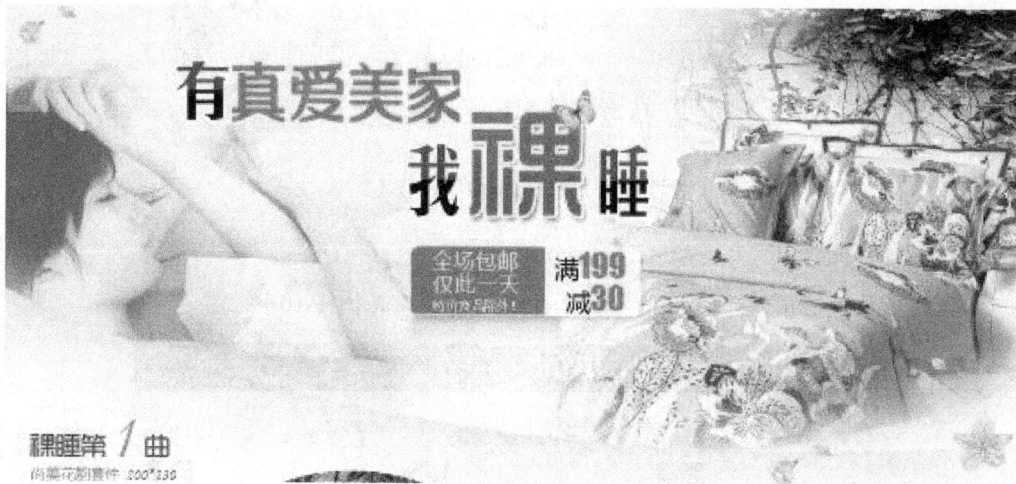

图 1-7　全场包邮广告

2）裸睡 6 部曲：分别为推荐的 6 款产品（见图 1-8 和图 1-9）。

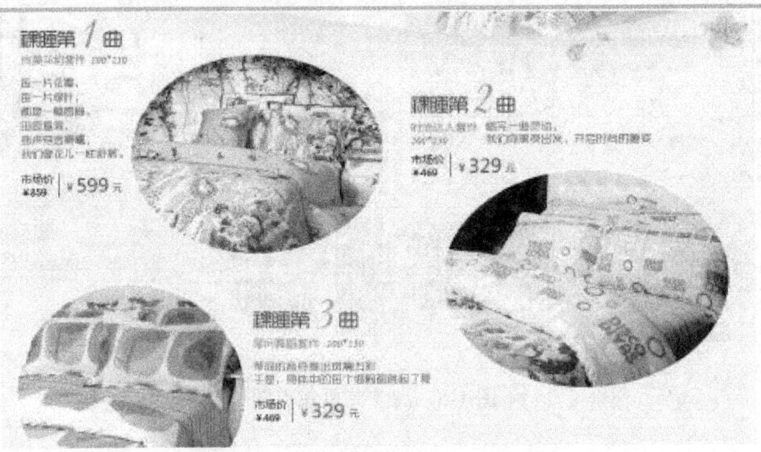

图 1-8　"裸睡 6 部曲"广告（1）

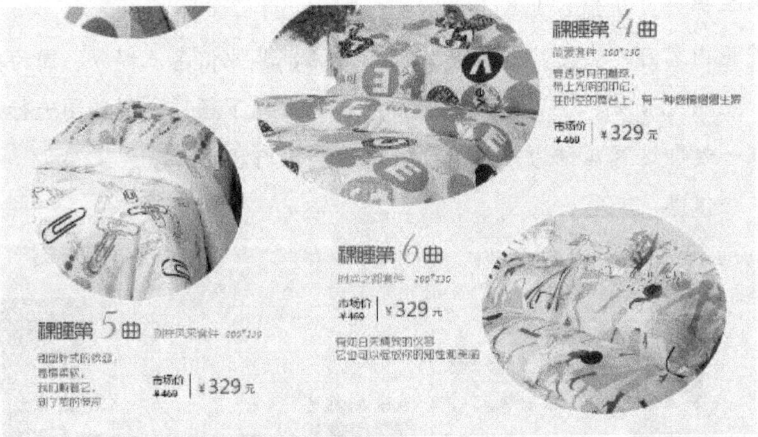

图 1-9　"裸睡 6 部曲"广告（2）

（2）特价促销

促销其他家居用品，如拖把、蚊帐、压缩袋等（见图 1-10）。

图 1-10　特价促销广告

（3）其他信息

此外是轮播图，分别是淘宝江湖、新品、母亲节主题广告。

1）写评价得大奖，丰厚礼包，链接到江湖日志（见图1-11）。

图 1-11 淘宝江湖主题广告

点击图片，可链接到活动细则（见图1-12），活动细则如表1-15所示。

图 1-12 活动细则截图

表 1-15 活动细则

项 目	具 体 内 容
标题	"为真爱 我裸睡"写评价得大奖，丰厚大奖等你拿！
奖项设置	一等奖：1名，599元大礼包 二等奖：3名，299元大礼包 三等奖：6名，免单（在4月25日至27日期间，您交易的订单享受免单机会1次，即退还该笔订单的交易款项给您）

项　　目	具 体 内 容
活动细则	1. 参赛资格：凡在 4 月 25 日至 27 日在本店消费过的买家，交易成功，无退款，全部打五分好评，并加入粉丝团 2. 参赛方式：确认收货时分享给淘江湖好友，评价及分享字数在 50 字以上，并在淘江湖追加分享，且上传自拍的宝贝照片 3. 评选规则：我们会在所有符合条件的分享中进行评选，从文字感染力、分享的真实体验、照片的美观度及质量等方面评选出最终获奖名单 4. 评选方式：评价分享提交日期截止到 5 月 25 日，评选小组会在 6 月 1 日前于本店淘江湖公布最终评选结果 感谢大家对本店的支持。赶快转发给好友一起分享

2）新品（见图 1-13）。

图 1-13　新品主题广告

点击图片，链接到新的页面，是一个新品页，如图 1-14 所示。

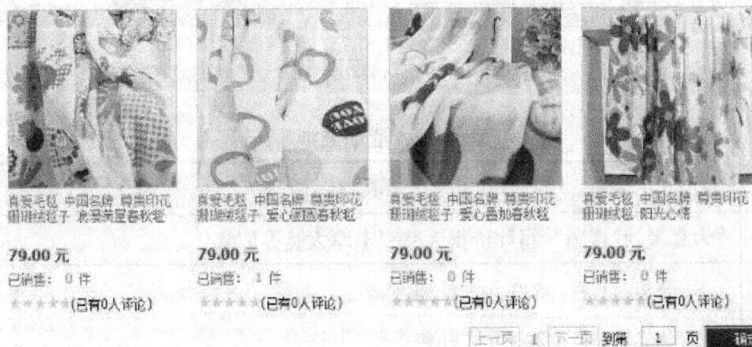

图 1-14　新品页面

3）母亲节（见图 1-15）。

图 1-15　母亲节主题广告

点击图片，链接到产品"保健枕页面"，和母亲节主题很贴切。

【评析】本广告主题应该为"舒适"，围绕主题想到了一个创意——"可以裸睡"，广告语为"有真爱美家，我裸睡"，以吸引人点击广告。从首页点击进入广告后，整个页面设计新颖、出奇，信息量足。该广告分为三部分：广告信息、特价促销、其他信息。

广告信息：策划了一个"裸睡 6 部曲"，实际上是 6 款产品，这又在无形中吸引人来点击相关产品。

特价促销：其他相关产品的链接。

其他信息：采用三个轮播图广告，分别链接到淘宝江湖、新品和母亲节主题促销产品。

本案例中首先介绍了产品在淘宝首页的广告，接下来可以看到从首页广告链接到店铺页面的布局，这个页面分为哪几部分，每部分内容是什么，又分别链接到哪些页面等。请谈谈你对该广告的感受。

_____

_____

_____

_____

_____

_____

_____

案例 1-4

产品搭配销售

产品搭配销售如图 1-16 所示。

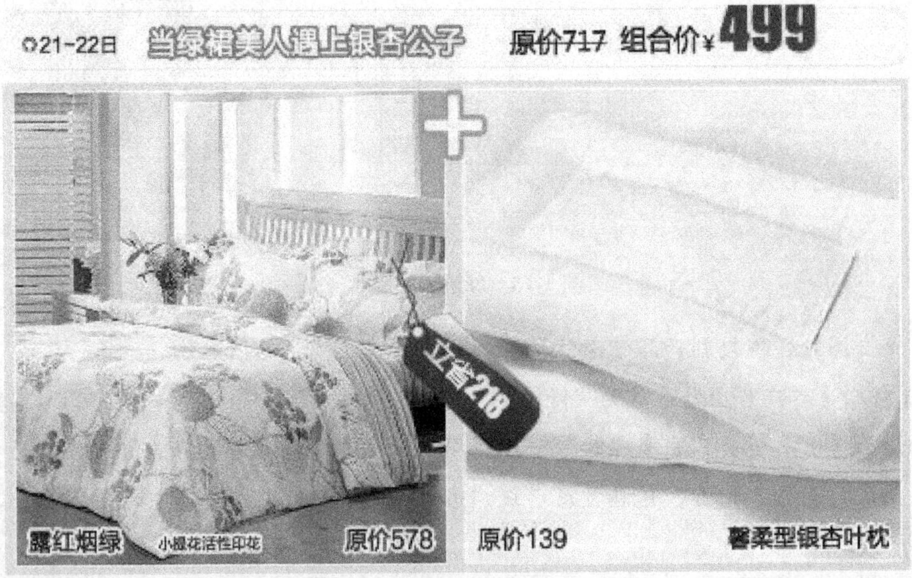

图 1-16 产品搭配销售图

资料来源：http://beyond.taobao.com/

【评析】广告语生动，让浏览者想了解一下到底是什么产品，是产品搭配销售中比较好的一个创意。

该广告对你的创意有什么提示？

_____

_____

_____

3）广告语学习。

麦包包把自己的广告语定为"买包包？麦包包！"（见图 1-17），请你点评一下。

_____

_____

_____

买包包？ 麦包包！

图 1-17　"麦包包"广告语图片

资料来源：新浪网

以下是帝维雅的一些广告语、宣传语、广告词，供大家参考学习。

纺天下，暖万家。——帝维雅

好产品，自然好品质。——帝维雅家纺

家有帝维雅，温馨又高雅。

帝维雅——更美更高雅！

美好生活，唯你独尊！——帝维雅家纺

帝维雅家纺——用舒雅打造生活！

温馨生活，舒适人生，尽在帝维雅！

帝维雅，你的完美生活！

帝维雅，我要我的精彩！

帝维雅，有你生活更精彩！

帝维雅家纺，想你所想。

帝维雅，让你的生活健康优雅。

温馨之家，我选帝维雅。

享受生活，处处芬芳，帝维雅家纺。

温柔体贴，浪漫典雅，中国帝维雅。

爱上他，只在一个刹那，温馨帝维雅。

帝维雅家纺，让你感受家的温馨！

蒂维雅家纺，缔造优雅生活

雅致生活——帝维雅！

我的生活离不开"帝维雅"！

"帝维雅家纺"，我们共同的选择！

优雅生活，源自帝维雅家纺！

帝维雅家纺，生活优舒爽。

帝维雅家纺，处处为你想。

帝维雅家纺，处处为家想。

缔造维雅生活！——帝维雅家纺

维雅生活，我缔造！——帝维雅家纺

寻找生活的真谛！——帝维雅家纺

缔造品质，唯我独尊，雅致生活，精致美好人生，我选帝维雅！

帝维雅家纺，全家都舒爽。

真心缔造全家维雅生活！

帝维雅，引领中国家纺新潮流！

帝维雅，开创中国家纺新时代！

尊贵之选，帝维雅家纺！

尊贵典雅，帝维雅家纺！

请谈谈你喜欢其中的哪几个并说明理由。

_____

_____

_____

_____

_____

4）相关概念学习。

① 网络广告主题：是广告定位的重要组成部分，即"广告什么"，是广告的中心思想，是广告内容和目的的集中体现和概括，是广告诉求的基本点、广告创意的基石。广告主题在广告的整个运作过程中处于统帅和主导地位。广告设计、广告创意、广告策划、广告文案、广告表达均要围绕广告主题。广告主题使广告的各种要素有机地组合成一个完整的广告作品。每一阶段的广告工作都紧密围绕广告主题而展开，不能随意偏离或转移广告主题。

② 网络广告创意：简单来说就是通过大胆新奇的手法来制造与众不同的视听效果，最大限度地吸引消费者，从而达到品牌声浪传播与产品营销的目的。广告创意是指广告中有创造力地表达出品牌的销售信息，以迎合或引导消费者的心理，并促成其产生购买行为的思想。广告创意在英语中的表达：idea & creative。广告创意由两大部分组成，一是广告诉求，二是广告表现。

③ 网络广告主题和网络广告创意的关系。网络广告创意必须紧密围绕网络广告主题的。广告策划首先确定广告主题，但广告主题仅仅是一种思想或概念，如何把广告主题表现出来，表现得更准确，更有感染力，这是广告创意的宗旨。如果没有很好的表现广告主

题的广告创意，广告很难吸引人的注意，很难达到效果。也就是说，广告主题是中心思想，广告创意是通过艺术构思来表现广告主题的，所以说，广告创意必须先有广告主题。

请说说创意技巧和方法有哪些。

_____

_____

④ 网络广告文案：是以言辞进行广告信息内容表现的形式。

广告文案由标题、正文、广告口号、随文（附文）四部分组成。请找寻一个自己喜欢的网络广告，并说明这四部分分别是什么。

广告标题只是一个题目而已，广告语延伸广告标题的含义，明确主题，加深主题。因此，广告语是企业文化的象征，换广告时标题可以改，但是广告语最好不要改。

请列举标题类型，并至少 5 种。

_____

_____

_____

广告文案有哪些要求？

_____

_____

_____

⑤ 网络广告表现：广告创意表现简称广告表现，是传递广告创意策略的形式整合，即通过各种传播符号，形象地表述广告信息以达到影响消费者购买行为的目的，广告创意表现的最终形式是广告作品。广告创意表现在整个广告活动中具有重要意义：它是广告活动的中心；决定了广告作用的发挥程度；广告活动的管理水平最终由广告表现体现出来。

🌐 案例 1-5

> **台湾爱达广告公司为 Adidas 球鞋进行的广告创意表现**
>
> 广告标题："捉老鼠与投篮——两色底皮面超级篮球鞋"
>
> 广告图画：一只球鞋，一只小猫
>
> 广告正文："猫在捉老鼠的时候，奔跑、急行、回转、跃扑，直到捉住老鼠的整个过程，竟是如此灵活敏捷，这与它的内垫脚掌有密切的关系。"

案例 1-6

M & Ms 豆

该广告画面如图 1-18 所示。

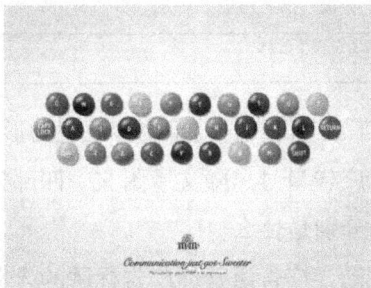

图 1-18   M & Ms 广告

资料来源：http://sanwen.net/a/stnwcbo.html

广告标题：M & Ms

广告图画：用 M & Ms 豆拼成的一个键盘。

广告正文：让沟通更加甜蜜（Communication just got sweeter）。

【评析】这则简单的广告着实吸引了人们的眼球，大多数现代人都能一眼辨认出这是一个键盘，这种展示方式让品牌看上去更可爱和有趣。不过，这则广告并不是只是展示 M & Ms 的品牌调性，它还想让消费者知道，每个人都可以定制属于自己的 M & Ms。广告口号"让沟通更加甜蜜"很好地反映了这次甜蜜的广告策划。

案例 1-7

美步卡因（Mebucaine）喉片

该广告如图 1-19 所示。

图 1-19   美步卡因广告

资料来源：http://sanwen.net/a/stnwcbo.html

广告标题：当吞咽疼痛时（when swallowing hurts）

广告正文：你知道嗓子痛的痛苦吗？每次吞咽都像在咽玻璃片。每个人都有这样的经历，而美步卡因这则治疗喉咙痛的药物广告，把这种感觉表现得淋漓尽致。

【评析】玻璃的颜色和菠萝的结构十分抢眼，药品也放在了恰当的位置，此时，你会觉得广告词对于阐释准确的海报而言没那么必要。

5）向其他品牌学习。通过传统媒体、网络等方式，学习其他吸尘器品牌的广告策划。分析其发布的媒体、广告主题和广告语，并填写在下面。

媒体：_____

品牌：_____

广告主题：_____

广告语：_____

媒体：_____

品牌：_____

广告主题：_____

广告语：_____

媒体：_____

品牌：_____

广告主题：_____

广告语：_____

6）小组讨论。小组讨论，将以上搜集到的内容进行对比评价，并将评分较高的资料填写在表 1-16 内，选派代表在全班进行分享。

表 1-16 创意学习收集表

小组：　　　　　　　　　　　　　　　　　　　　　日期：　年　月　日

序号	内　　容	负责人	资料来源	备　注

续表

序号	内　　容	负责人	资料来源	备　注

7）全班分享。分享小组创意收集成果，并对其他小组分享内容进行学习记录，整理一下都有哪些收获。

_____

_____

_____

8）阶段任务2——创意收集评价。首先根据小组讨论情况进行自我检查，再在小组内相互进行检查，最后由教师进行检查评价，填写表1-17。

自我检查：_____

_____

_____

小组内互相检查：_____

_____

_____

教师检查：_____

_____

_____

表1-17　阶段任务2——创意收集评价表

学号：　　　　学生姓名：　　　　　班级：　　　　　教师：

序号	考核内容	分值	小　计
1	工作态度和纪律，主动性	10	
2	信息收集的全面性和有用性	10	
3	资料的分类整理能力	10	
4	团队合作能力、沟通能力（包括书面、口头、幻灯片）	10	

序号	考核内容	分值	小 计
5	有时间观念，能够按时完成任务	10	
6	创意收集全面，有针对性，对小组的创意学习贡献大	50	
合计		100	

自我小结（上述工作中有哪些体验与收获，有哪些做得比较好，有哪些存在问题与不足，今后打算如何改进等）：_____

_____

_____

_____

（2）创意策划。网络广告创意是广告人对创作对象进行的创造性的思维活动，是通过想象、组合和创造产生好的网络广告创意，那么在广告创意的过程中，创意人员经历了哪些思维活动呢？

1）独立思考。在学习的基础上独立思考，在网店中选择一款或几款产品进行推广，根据产品定位、目标消费群体进行策划创意，确定策划主题。（提示：这里的主题可以从产品质量、售后服务、环保安全、价格优势、新品上市、节日促销、生活品质等方面来思考，但也不要受"提示"的影响，限制了思路。）

我选择的产品：_____

市场细分：_____

_____

_____

目标市场：_____

市场定位：_____

_____

_____

受众分析：_____

_____

_____

我的主题：_____

我的创意：＿＿＿＿＿＿＿＿＿＿＿＿＿＿＿＿＿＿＿＿＿＿＿＿＿＿

＿＿＿＿＿＿＿＿＿＿＿＿＿＿＿＿＿＿＿＿＿＿＿＿＿＿＿＿＿＿＿＿＿

＿＿＿＿＿＿＿＿＿＿＿＿＿＿＿＿＿＿＿＿＿＿＿＿＿＿＿＿＿＿＿＿＿

创意来源：＿＿＿＿＿＿＿＿＿＿＿＿＿＿＿＿＿＿＿＿＿＿＿＿＿＿

＿＿＿＿＿＿＿＿＿＿＿＿＿＿＿＿＿＿＿＿＿＿＿＿＿＿＿＿＿＿＿＿＿

＿＿＿＿＿＿＿＿＿＿＿＿＿＿＿＿＿＿＿＿＿＿＿＿＿＿＿＿＿＿＿＿＿

广告语：＿＿＿＿＿＿＿＿＿＿＿＿＿＿＿＿＿＿＿＿＿＿＿＿＿＿＿

＿＿＿＿＿＿＿＿＿＿＿＿＿＿＿＿＿＿＿＿＿＿＿＿＿＿＿＿＿＿＿＿＿

＿＿＿＿＿＿＿＿＿＿＿＿＿＿＿＿＿＿＿＿＿＿＿＿＿＿＿＿＿＿＿＿＿

2）团队创意。充分准备之后，小组开会，小组成员说出自己的主题和创意，并记录其他成员的主题和创意，填写表1-18。

表1-18 小组创意记录单

小组：　　　　　　　　　　　　　　　　　　时间：　　年　月　日

小组成员	广告创意	说　明

3）确定小组主题和创意。小组成员对上述创意进行评价，选出认为比较优秀的创意。评价方法由小组自行确定，可以采用打分法，也可以采用评选方法。

小组确定的评价方法：

＿＿＿＿＿＿＿＿＿＿＿＿＿＿＿＿＿＿＿＿＿＿＿＿＿＿＿＿＿＿＿＿＿

＿＿＿＿＿＿＿＿＿＿＿＿＿＿＿＿＿＿＿＿＿＿＿＿＿＿＿＿＿＿＿＿＿

对评价方法的描述：＿＿＿＿＿＿＿＿＿＿＿＿＿＿＿＿＿＿＿＿＿

＿＿＿＿＿＿＿＿＿＿＿＿＿＿＿＿＿＿＿＿＿＿＿＿＿＿＿＿＿＿＿＿＿

＿＿＿＿＿＿＿＿＿＿＿＿＿＿＿＿＿＿＿＿＿＿＿＿＿＿＿＿＿＿＿＿＿

确定创意评价方法后，对小组成员的创意进行评价，填写表 1-19。

表 1-19 小组创意组内评价表

4）主题和创意选择。共同讨论，确定小组最终的策划主题。根据主题，小组成员开会，发表每个人的意见，一起利用"头脑风暴"等团队创意形式，相互激发，产生出更多的创意，小组共同讨论，决定采用哪个创意。将创意记录在 Word 文档中上交。

_____

_____

_____

5）阶段任务 3——小组创意教师评价（见表 1-20）。

表 1-20 阶段任务 3——小组创意教师评价表

序号	考核内容	分 值	得 分
1	工作态度、纪律、主动性	10	
2	信息收集的全面性和有用性，资料的分类整理能力	10	
3	团队合作能力、沟通能力（包括书面、口头、幻灯片等）	10	
4	有时间观念，能够按时完成任务	10	
5	对小组的贡献	10	
6	创意新颖、独特，符合企业品牌定位	50	
	合计	100	

说明：这里的评价成绩要计入表 1-36，是"教师评价"中"阶段任务评价"的一部分。创意评价=创意收集评价（30%）+小组创意（70%），创意收集评价表请见表 1-17，小组创意评价表请表 1-20。

3. 网络广告文案

网络广告文案是指简短、让人感兴趣的内容，一种适合细分化市场营销趋势的新媒体写作文案。

（1）文案创作方法。请说说如何进行文案创作。

_____

_____

_____

在网络上，网络广告可以由画面、文案、声音共同组成，就给了网络广告创意人员无限的想象和发挥空间，不仅可以用静态的图片配文字，也可以用动态的图片和文字来进行网络广告表现。

（2）撰写文案。

根据小组的创意和主题，撰写自己的文案，包括广告表现。

我的文案：_____

_____

_____

文案完成后，小组开会进行讨论，对小组成员的文案进行评价，并利用头脑风暴法，对其中优秀的文案进行加工，确定小组的文案。

_____

_____

_____

（3）阶段任务4——网络广告文案教师评价（见表1-21）。

表1-21　阶段任务4——网络广告文案教师评价表

序号	考核内容	分　值	得　分
1	工作态度、纪律、主动性	10	
2	信息收集的全面性和有用性，资料的分类整理能力	10	
3	团队合作能力、沟通能力（包括书面、口头、幻灯片等）	10	
4	有时间观念，能够按时完成任务	10	
5	对小组的贡献	10	
6	文案准确规范、点明主题、简明精练、生动形象、表明创意、优美流畅、上口易记	50	
合计		100	

说明：这里的评价成绩要计入表1-36，是"教师评价"中"阶段任务评价"的一部分。

4. 网络广告发布与效果评估

（1）网络广告发布学习。

网络广告发布是指把制作好的网络广告，通过一定的方式，按照预定的时间和位置出现于网络媒介，供广告受众浏览、点击。网络广告发布大多是通过广告代理制实现的。

1）网络广告的发布形式。每个网站我们都可以看作一个媒体，网络广告可以发布到电子商务平台、门户网站、社会化网站等媒体。

2）网络广告媒体。网络广告媒体主要是网络，媒体策划主要是指对网站的选择及具体展示位置的确定。媒体策略也称媒体计划或媒体策划。

一般把网络广告媒体归纳为四类：电子商务平台、门户网站、搜索引擎和社会化网站。

网络广告媒体选择依据：如果是宣传品牌，应该选择综合性门户网站和行业门户网站；如果是产品促销或渠道建设，应该选择行业门户网站；如果是推广在线业务，应该选择关键词广告（搜索引擎广告）；如果是产品销售，应该选择电子商务平台，如淘宝、京东、当当、1号店等。

3）学习各网站上的广告文件。小组成员协商后，每人选择一个网站，小组内部选择的网站不能重复。在其广告服务中下载相关广告文件，自己查看学习，明确该网站网络广告的类型、广告制作要求、广告投放位置、报价等信息。学习这部分的目的主要是熟悉各网站的网络广告类型、要求和规定，为网络广告投放做准备。

以下是新浪网站的一些广告类型，仅供参考。有按钮广告（Button）、对联广告、文字链接、矩形广告、焦点图广告、背投广告、跨栏广告、全屏广告、视窗广告、标签流媒体广告、免费邮箱、通栏广告、新闻中心画中画、新闻内页底部窄通等。

选择一个网站，然后将该网站的广告文件或广告服务进行整理，提取出其中的主要内容并填写在表 1-22 中。

表 1-22　网络广告文件整理表

姓名：　　　　　　　　　　　　　　　　　　　　　　　　　　　　　　　年　月　日

序号	网络广告类型	首页/频道	广告展现位置	什么情况下适合在这个位置做广告	备注

续表

序号	网络广告类型	首页/频道	广告展现位置	什么情况下适合在这个位置做广告	备注

4）如何查询网站访问流量？查询你在收集广告文件时相关网站的流量。

_____

_____

5）了解阿里妈妈。登录阿里妈妈网上广告交易平台，通过具体操作了解网络广告发布的流程和要求。

_____

_____

还有没有类似阿里妈妈的广告交易平台？了解其网络广告发布的流程和要求。

_____

_____

（2）网络广告媒介的选择。根据产品的特点、受众人群的特点和行为习惯，以及本组广告即将采用的类型、对网络媒体的调查，确定本组投放网络广告的网站。

1）媒体选择标准。依据什么样的标准对即将投放网络广告的媒体进行评估。小组讨论，并写出选择标准：_____

_____

_____

2）媒体选择范围，即打算选择什么类型的网站来投放广告：_____

_____

_____

3）网络媒体投放的区域。确定本组网络广告投放的区域为：_____

_____

_____

4）最终投放网站。根据以上三个标准，最后确定本组投放广告的网站为：_____

_____

_____

（3）确定网络广告时间。根据网络广告的特点和商品的具体特点，确定出本次网络广告的广告时间。

_____

_____

_____

（4）确定网络广告时点。根据网络广告受众的特点以及上网习惯，确定本次网络广告的广告时点。

_____

_____

_____

（5）确定网络广告预算。根据本组选择的各个媒体，按位置、时段和广告形式的综合计费，计算出最终的广告预算，填写表 1-23。

表 1-23　广告预算表

选择的网站	网站中的位置	广告时段	网络广告形式	费用
合计费用：				

（6）网络广告效果评估。一则网络广告总体是否成功，广告经费的投入是否合理，都要通过对广告效果的分析来确认。广告效果就是广告对其接受者所产生的影响及由于人际

传播所达到的综合效应，包括广告文字、画面、音乐、表演等信息内容对于消费者的作用程度的分析，以及消费者对广告内容的意见、广告内容的反应、广告内容的信任程度、广告文案记忆、广告标题、商标记忆、广告图案记忆等的分析。

网络广告效果可以从狭义和广义两方面来定义。

从狭义看，广告效果分为经济效果和心理效果。经济效果指的是广告达到既定目标的程度，就是通常所包括的传播效果和销售效果。心理效果是广告对受众心理认知、情感和意志的影响程度，是广告的传播功能、经济功能、教育功能、社会功能等的集中体现。

从广义看，广告效果指的就是社会效果。社会效果是广告对社会道德、文化教育、伦理、环境的影响。良好的社会效果也能给企业带来良好的经济效益。

总体来看，广告效果是广告活动或广告作品对消费者所产生的影响。广告效果的评估一般是指广告经济效果的测定。

1）网络广告效果评估的指标主要有哪些？

_____

_____

_____

2）请解释以下名词。

CPM：每千人成本

_____

_____

CPC：每点击成本

_____

_____

CPA：每行动成本

_____

_____

对本组网络广告进行事前效果评估，根据 CPM、CPC、CPA 这三个指标进行测评，填写表 1-24。

表 1-24　效果评估表

选择的网站	CPM	CPC	CPA	效果分析

（7）阶段任务 5——网络广告发布与效果评估教师评价（见表 1-25）。

表 1-25　阶段任务 5——网络广告发布与效果评估教师评价表

序号	考核内容	分　值	得　分
1	工作态度、纪律、主动性	10	
2	信息收集的全面性和有用性，资料的分类整理能力	10	
3	团队合作能力、沟通能力（包括书面、口头、幻灯片等）	10	
4	有时间观念，能够按时完成任务	10	
5	对小组的贡献	10	
6	能够自我管理，学习能力强	10	
7	网络广告发布方案合理，费用预算准确	20	
8	网络广告效果评估方法选取恰当，网络广告效果评估方案合理	20	
合计		100	

说明：这里的评价成绩要计入表 1-36，是"教师评价"中"阶段任务评价"的一部分。

5. 网络广告策划书

（1）请你说说网络广告策划书是什么？广告策划书应该包括哪些内容？

_____

_____

_____

　　广告文案和广告策划书不一样。

　　广告文案一般是指在既有广告策略的引导下，进行文案写作，包括网络、纸媒（报纸、杂志、企业手册、单页、POP、海报等）方面的文案。

广告策划书则相对全面，即在对企业品牌（产品）、目标市场、目标消费者有一个相当详细的了解之后，有针对性地做出的广告策划方案，内容一般包括广告目的、广告产品（品牌）、广告时间、广告区域、广告对象、策划构思、广告策略、广告主题、广告媒介组合、广告投放排期、广告效果检测分析等。

（2）策划书。按表 1-26 中的项目，将前面的内容进行梳理，只需要简要记录即可。

表 1-26　网络广告策划各项目汇总

小组：　　　　　　　　　　　　　　　　　　　　　　　　　　　　　　　　年　月　日

项　　目		内　　容
一、市场分析	网上和网下环境分析	
	消费者分析	
	产品分析	
二、广告策略	广告目标	
	细分市场	
	目标市场	
	网络广告创意	
	网络广告主题	

项　　目		内　　容
二、广告策略	网络广告语	
	网络广告文案	
	广告发布网站（频道）	
	网络广告媒体排期	
	网络广告预算	
三、广告计划（指完成以上工作的计划）		
四、网络广告效果评估		

将以上内容按照网络广告策划书的要求，撰写产品推广网络广告策划书。

（3）阶段任务 6——网络广告策划书教师评价（见表 1-27）。

表1-27　阶段任务6——网络广告策划书教师评价表

序号	考核内容	分　值	得　分
1	工作态度、纪律、主动性	10	
2	信息收集的全面性和有用性，资料的分类整理能力	10	
3	团队合作能力、沟通能力（包括书面、口头、幻灯片等）	10	
4	有时间观念，能够按时完成任务	10	
5	对小组的贡献	10	
6	策划书内容完整合理，符合产品特点和媒体要求	40	
7	格式排版正确，语言专业流畅，思路清晰完整	10	
	合计	100	

说明：这里的评价成绩要计入表1-36，是"教师评价"中"阶段任务评价"的一部分。

6. 成果展示

请小组讨论，进行分工，制作展示文稿，将人员分工合作、完成方法、遇到的问题、解决办法和任务成果进行小结展示。要求小组成员全部参加，并安排好展示环节。

小组成员讨论如何进行展示汇报，如何进行分工。

_____

_____

_____

各小组展示自己的成果，并对其他小组展示内容进行记录，重点在于看其他小组有哪些优点和缺点？是否有可借鉴的地方。

_____

_____

_____

四、检查和评价

检查分为三部分：自我检查、小组检查和教师检查。

评价分为自我评价、组内评价、组间评价和教师评价。自我评价是在教师指导下，由学生自己制定考核方案，对自己完成的成果进行评价；互评分为组内互评和组间互评，组内互评由小组成员互相进行评价，组间互评是小组进行项目展示，由其他小组进行评价；教师评价是由教师进行评价。考核权重为：自评（10%）+组内互评（10%）+组间互评（10%）+师评（70%）。

1. 自我检查和评价

（1）自我小结（上述工作中有哪些体验与收获，有哪些做得比较好，有哪些存在着问题与不足，今后打算如何改进等）：＿＿＿＿＿＿＿＿＿＿＿＿＿＿＿＿＿＿＿＿＿＿＿＿＿＿＿

＿＿

（2）检查自己所负责工作的完成情况，是否按期完成，是否符合预期目标，填写表1-28。

表1-28　自我检查表

序　号	任务内容	完成情况	是否按期完成	是否符合预期目标	具体情况说明

（3）自我评价。自我评价和组内评价可以分别填写表1-29与表1-31，也可以两张表合并在一起，只填写表1-32。

表1-29　自我评价表

序　号	考核内容	分　值	得　分	备　注

请在教师的指导下，自己制定自我评价表，并对自己的任务完成情况进行打分。

2. 小组检查和评价

小组成员开会，讨论本小组产品推广网络广告策划的完成情况，分析做得好的地方，自己存在的问题和不足，并提出改进方法，为后面的任务做准备。

做得好的地方：_____

_____

_____

_____

存在的问题与不足：_____

_____

_____

_____

解决措施或改进方法：_____

_____

_____

_____

（1）组长检查每个成员的完成情况，填写表1-30。

表1-30　小组检查表1

序　号	小组成员	完成情况	是否按期完成	是否符合预期目标	具体说明（对小组的贡献）

（2）组长检查自己的工作完成情况，填写表1-31。

表 1-31 小组检查表 2

序 号	任务内容	遇到的问题	如何解决的	还需如何改进
1	任务分工			
2	组员协调			
3	小组合作			
4	任务成果			

任务成果与其他小组相比，效果如何？

_____

_____

_____

_____

_____

（3）组内评价。请在教师的指导下，小组成员共同制定组内评价方案并互相进行评价，填写表 1-32。

表 1-32 组内评价表

姓 名		小组成员评价					得分
考核内容	考核标准及分值	1	2	3	4	5	

姓　名		小组成员评价					得分
考核内容	考核标准及分值	1	2	3	4	5	
合计							

也可以将自我评价和组内评价制定成统一的评价标准，进行评价打分，填写表1-33。

表1-33　自我评价及组内评价表

姓　名		自我评价	小组成员评价					得分
考核内容	考核标准及分值		1	2	3	4	5	
合计								

3. 组间评价（成果展示评价）

对其他小组展示情况进行评价，填写表1-34，评价表为1个/组。

表1-34　产品推广网络广告策划组间互评表

小组：　　　　　　　　　　　　　　　　　　　　　　　　　　　年　月　日

考核项目	考核要求	分　值	得　分
演讲组织	有主持人	3	
（15分）	所有成员参与了汇报展示	5	

续表

考核项目	考核要求	分 值	得 分
演讲组织（15分）	在汇报展示时，分工合理	5	
	时间控制好，在规定时间内完成	2	
内容选取（15分）	展示内容正确	5	
	内容选取与比例分配适当	5	
	内容适合听众	5	
内容结构（20分）	标题新颖，能够吸引听众	4	
	有目录，使听众对内容有一个基本的了解	4	
	导入时能够激发听众的兴趣	4	
	主要内容演讲清晰，能够引导听众思路	4	
	进行了有意义的总结，能够激发大家进行思考	4	
语言仪态（30分）	汇报者与听众有目光交流	5	
	仪态举止端庄大方，姿势、手势得体	5	
	用词准确，句法完整，汇报流畅	5	
	语言表达和肢体语言展示的内容让听众容易理解	5	
	用词幽默，吸引听众	5	
	能够对听众提出的问题进行准确的回答	5	
媒体运用（10分）	汇报者能够熟练地应用媒体	5	
	运用的媒体有助于汇报效果的提升	5	
资料运用（10分）	说明了如何搜集资料，并进行资料的应用	5	
	说明了参考资料来源	5	
展示汇报小计（70%）			
问题1：		10分	
问题2：		10分	
问题3：		10分	
问题回答小计（30%）			
合计			

4. 教师检查和评价

（1）教师对学生工作的完成情况进行检查，填写表1-35和表1-36。

表 1-35 教师检查表

序　号	小　组	完成情况	是否按期完成	是否符合预期目标	具体说明

（2）教师对学生工作的完成情况进行评价。

教师评价分两部分，教师评价=阶段任务评价（70%）+成果展示评价（30%），阶段任务这里共六个，阶段任务评价=市场分析（15%）+工作计划（5%）+创意（15%）+文案（10%）+发布与效果评估（10%）+策划书（15%），评价表请见各阶段任务评价表，成果展示评价表如表 1-36 所示。

表 1-36 产品推广网络广告策划教师评价表

序　号	学生姓名	考核项目		得　分
		任务完成情况评价（70%）	成果展示评价（30%）	

续表

序　号	学生姓名	考核项目		得　分
		任务完成情况评价（70%）	成果展示评价（30%）	

5. 撰写工作总结

　　根据同学和老师的评价结果，提出的建议，修改策划书，并且写出完成本任务的工作总结，小组成员每人一份。修改好的小组策划书和个人工作总结可以以电子版上交。

6. 资料整理上交

　　任务完成后，将所有过程资料或文件按类别整理好。

　　在整理之前，小组讨论一下：如何进行资料的整理归档？注意些什么？

_____

_____

_____

　　任务成果有哪些？

_____

_____

_____

第三部分

学 习 资 料

一、网络广告概述

1. 基本概念

（1）网络广告。网络广告是广告的一种，利用网站上的广告横幅、文本链接、多媒体等方法，在互联网刊登或发布广告，通过网络传递到互联网用户的一种高科技广告运作方式。

网络广告有广义和狭义之分。广义的网络广告是指一切基于网络技术传播信息的过程和方法。这些信息通常包括公益性信息、企业商品信息、企业的域名、网站、网页等。比如，在地铁、公交站、公交车等公共交通发布的平面广告，扫描二维码即可进入广告页面的，也称网络广告。图 1-20 就是地铁广告，通过扫描二维码即可进入网络广告页面：

图 1-20 地铁广告

图 1-20 地铁广告（续）

狭义的网络广告就是确定的广告主以付费方式运用网络媒体劝说公众的信息传播活动。《北京市网络广告管理暂行办法》第二条规定："本办法所称网络广告，是指互联网信息服务提供者通过互联网在网站或网页上以旗帜、按钮、文字链接、电子邮件等形式发布的广告。"

（2）网络广告策划。网络广告策划是策划中的一个分支，是在充分的市场调查和研究的基础上，对网络广告活动进行的全面筹划和部署，以达到最大化网络广告宣传效果的过程。

（3）产品推广的网络广告策划。产品推广主要是展示产品生产过程、突出产品的功能特点和使用方法，包括企业的产品、服务的推广，让消费者或经销商能够比较深入地了解产品，营造良好的销售环境。针对已成熟的产品及服务所做的推广，优化正面信息，对其内涵及文化进行延伸和挖掘，营造口碑和信誉；针对尚未打开销量以及不为人知的新事物、新产品，重在产品新功能的包装和优点的推广。

2. 网络广告类型

网络广告有很多种分类方式，本书列出了一些常见的网络广告类型：网幅广告（旗帜广告）、富媒体广告、视频广告、文本链接广告、电子邮件广告和电子杂志广告、赞助式广告、插播式广告、关键词广告、在线分类广告、微信广告、VR 广告、社区和植入式广告等。

（1）网幅广告。各种网络广告类型，如图 1-21 到图 1-25 所示。

网幅广告（Banner）是网络广告最早采用的形式，也是网上最常见的广告形式。Banner 一般翻译为网幅广告、旗帜广告、横幅广告等。它是横跨于网页上的矩形公告牌，当用户点击这些横幅的时候，通常可以链接到广告主的网页。

网幅广告分为横幅（Horizontal banner）和竖式（vertical banner/portals）两种。横幅广告一般出现在网站主页的顶部和底部；竖式广告一般设在网站主页的两侧，也称对联广告。

网幅广告有多种表现形式，如图 1-21 至图 1-25 所示。

图 1-21 通栏广告

图 1-22 按钮广告

图 1-23 网幅广告

图 1-24 对联广告

图 1-25 轮播图广告

网幅广告的尺寸类型有以下几种。

- 468*60 全尺寸
- 392*72 全尺寸带导航条
- 234*60 半尺寸
- 125*125 方形按钮
- 120*90 按钮#1
- 120*60 按钮#2

- 88*31 小按钮
- 120*240 垂直

网幅广告分为三类：静态、动态和交互式。

1）静态网幅广告。静态网幅广告就是在网页上显示一幅固定的图片，它也是早年网络广告常用的一种方式。它的优点就是制作简单，并且被所有的网站所接受。它的缺点也显而易见，在众多采用新技术制作的网幅广告面前，它显得有些呆板和枯燥。事实也证明，静态网幅广告的点击率比动态和交互式网幅广告低。各网站的静态网幅广告如图 1-26 到图 1-28 所示。

图 1-26　当当网的静态网幅广告

图 1-27　红孩子网的静态网幅广告

图 1-28　凡客网的静态网幅广告

2）动态网幅广告。动态网幅广告拥有会运动的元素，或移动或闪烁。它的原理就是把一连串图像连贯起来形成动画。大多数动态网幅广告由 2~20 帧画面组成，通过不同的画面，可以传递给浏览者更多的信息，也可以通过动画的运用加深浏览者的印象。动态网幅广告的点击率普遍要比静态的高。而且，这种广告在制作上相对来说并不复杂，尺寸也比较小，通常在 15k 以下。正因为动态网幅广告拥有如此多的优点，所以它是目前最主要的网络广告形式，动态网幅广告如图 1-29 和图 1-30 所示。

图 1-29　新浪网的动态网幅广告 1

图 1-30 新浪网的动态网幅广告 2

3）交互式网幅广告。当动态网幅广告不能满足要求时，一种更能吸引浏览者的交互式广告产生了。交互式广告的形式多种多样，如游戏、插播式、回答问题、下拉菜单、填写表格等，这类广告需要更加直接的交互，比单纯的点击包含更多的内容。交互式网络广告如图 1-31 和图 1-32 所示。

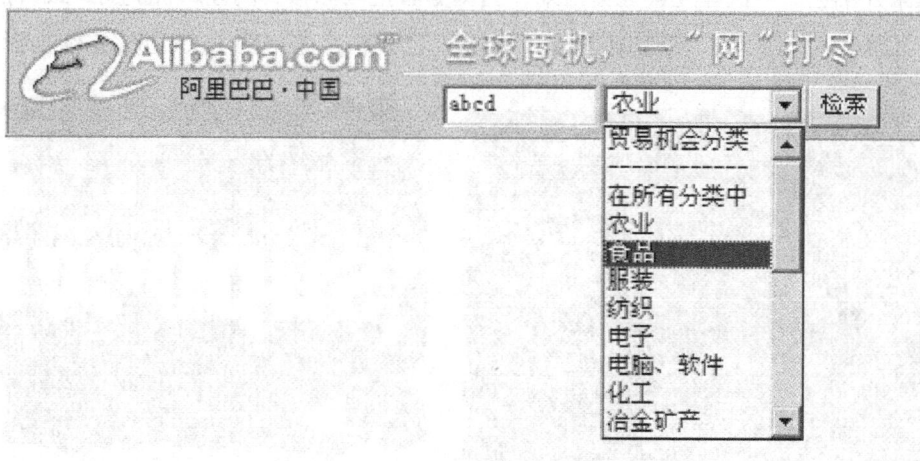

图 1-31 阿里巴巴交互式广告

资料来源：http://www.kz27.com/web_ad/ad_style/

图 1-32 京东交互式广告

（2）富媒体广告。通常所说的网络广告也主要是指网幅广告。随着技术的进步及消费市场的成熟，出现了具备声音、图像、文字等多媒体组合的媒介形式，人们普遍把这些媒介形式的组合叫作富媒体，以此技术设计的广告叫作富媒体广告。富媒体广告的创意、文案、效果并不会"一次"完整地播出来，当浏览者把鼠标移到网幅广告上头，或者点一点鼠标，才能和广告互动，表现出广告的创意来。富媒体广告如图 1-33 和图 1-34 所示。

图 1-33 咖啡品牌广告

图 1-34 鼠标在广告移动后的效果

资料来源：http://blog.shanger.net/article.asp? id=191

京东在网易投放的富媒体广告如图 1-35 到图 1-38 所示。

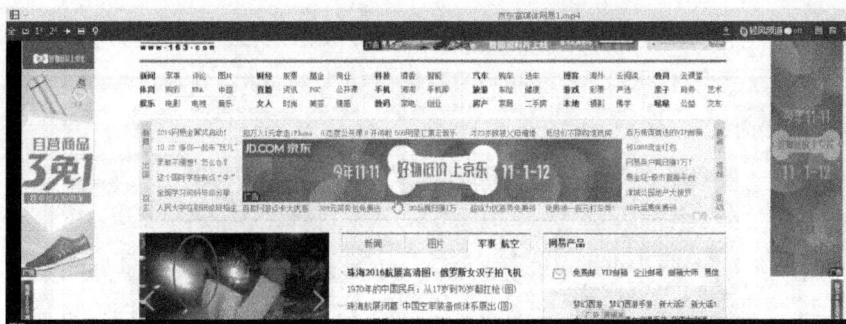

图 1-35　京东在网易投放的富媒体广告 1

图 1-36　京东在网易投放的富媒体广告 2

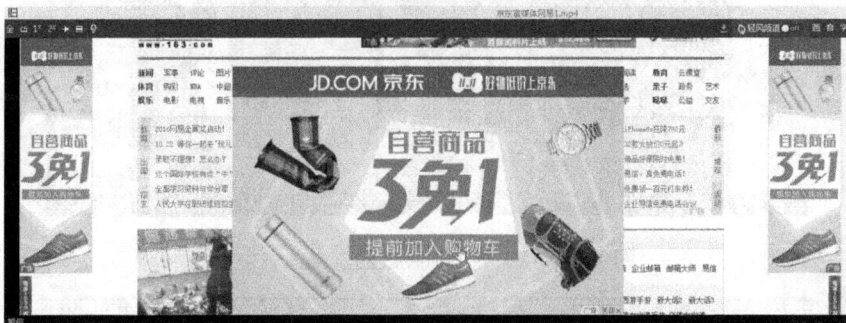

图 1-37　京东在网易投放的富媒体广告 3

图 1-38　京东在网易投放的富媒体广告 4

同一时间段，京东在搜狐也投放了富媒体广告，如图 1-39 到图 1-41 所示。

图 1-39 京东在搜狐投放的富媒体广告 1

图 1-40 京东在搜狐投放的富媒体广告 2

图 1-41 京东在搜狐投放的富媒体广告 3

同一时间，苏宁易购在网易投放的富媒体广告，如图 1-42 和图 1-43 所示。

图 1-42　苏宁易购在网易投放的富媒体广告 1

图 1-43　苏宁易购在网易投放的富媒体广告 2

（3）文本链接广告。文本链接广告是以一排文字作为一个网络广告，点击都可以进入相应的广告页面。这是一种对浏览者干扰最少，但较为有效果的网络广告形式。整个网络广告界都在寻找新的宽带广告形式，而有时候最简单的广告形式效果却最好。文本链接广告如图 1-44 所示。

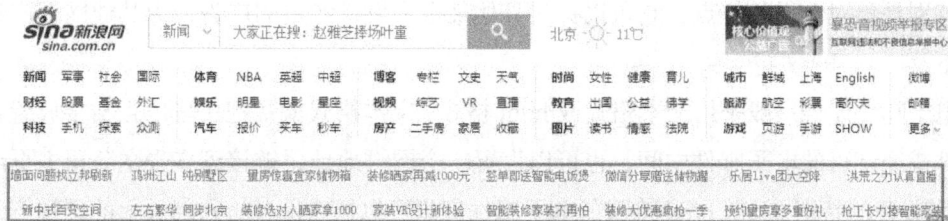

图 1-44　新浪网的文本链接广告

（4）关键词广告。关键词广告是指显示在搜索结果页面的网站链接广告。它属于 CPC（Cost-Per-Click）收费制，即按点击次数收取广告费。

关键词广告也称"关键词检索"，简单来说就是当用户利用某一关键词进行检索，在检索结果页面会出现与该关键词相关的广告内容。由于关键词广告是在特定关键词的检索时，才出现在搜索结果页面的显著位置，所以其针对性非常高，被称为性价比较高的网络推广方式。关键词广告如图 1-45 所示。

图 1-45　百度搜索引擎上的与关键词"饼干"匹配的广告

（5）电子邮件广告调查表明，电子邮件是网民最经常使用的互联网工具。只有不到 30% 的网民每天上网浏览信息，但却有超过 70% 的网民每天使用电子邮件。对企业管理人员尤其如此。

电子邮件广告具有针对性强（除非你肆意滥发）、费用低廉的特点，且广告内容不受限制。特别是针对性强的特点，它可以针对具体某个人发送特定的广告，为其他网上广告方式所不及。

电子邮件广告一般采用文本格式或 html 格式。文本格式就是把一段广告文字放置在新闻邮件或经许可的电子邮件中间，也可以设置一个网页地址，链接到广告主公司主页或提供产品/服务的特定页面。html 格式的电子邮件广告可以插入图片，和网页上的网幅广告没有什么区别，但是因为许多电子邮件的系统是不兼容的，html 格式的电子邮件广告并不是每个人都能完整地看到，因此把邮件广告做得越简单越好，文本格式的电子邮件广告兼容性最好。

电子邮件广告类型主要有直接电子邮件广告、邮件列表广告、电子刊物广告等。直接电子邮件广告即利用收发邮件的方式，收集顾客或潜在顾客的邮箱地址，以便函方式有针对地将商业广告直接发送给指定群体，如图 1-46 所示。邮件列表广告又被称为"直邮广告"，是一种按照某种分类将客户列入电子邮件列表，利用这种方式发送电子邮件，这样消息会实时传达给列表上的每个人。电子刊物广告是指通过一些渠道吸纳自愿订阅用户，以有偿或无偿的形式用电子邮件载体向客户发送内容。

图 1-46　网易邮箱中的广告

（6）电子杂志广告。电子杂志是由国内著名的网络内容服务商（ICP）提供、有内容和信誉的充分保障，由专业人员精心编辑制作，具有很强的时效性、可读性和交互性，而且还不受地域和时间限制，无论用户在全球的任何地方，电子杂志都可以带给用户最新、最全的信息。此外，电子邮件杂志的形式还非常适合目前中国的网络状况，它可以让订户不必花费很多时间和上网费就可以获得大量的中文优质信息。根据调查，通过 Web 页面浏览信息的花费是电子杂志的 10~60 倍。所以，电子杂志已经得到了越来越多网民的接受和认同，订户数量增长迅速。在这类专业杂志上面投放广告，不仅费用比网幅广告便宜得多，而且效果也非常显著，能够在很短的时间内将广告信息推广到全球各个角落。

施华洛世奇、化妆品等在 PocoZine 电子杂志上面的广告如图 1-47 到图 1-49 所示。

图 1-47 PocoZine 电子杂志

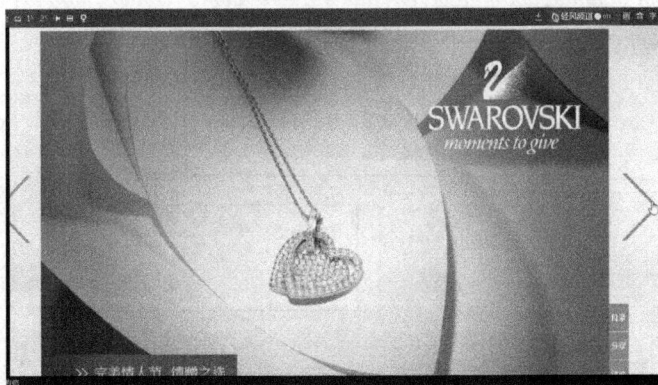

图 1-48 电子杂志广告 1

图 1-49 电子杂志广告 2

（7）在线分类广告。在线分类广告指的是网站将各种广告主综合起来，按照产品和服务的类别进行详细分类，向网民提供各种各样的广告信息，如图 1-50 和图 1-51 所示。

图 1-50 在线分类广告 1

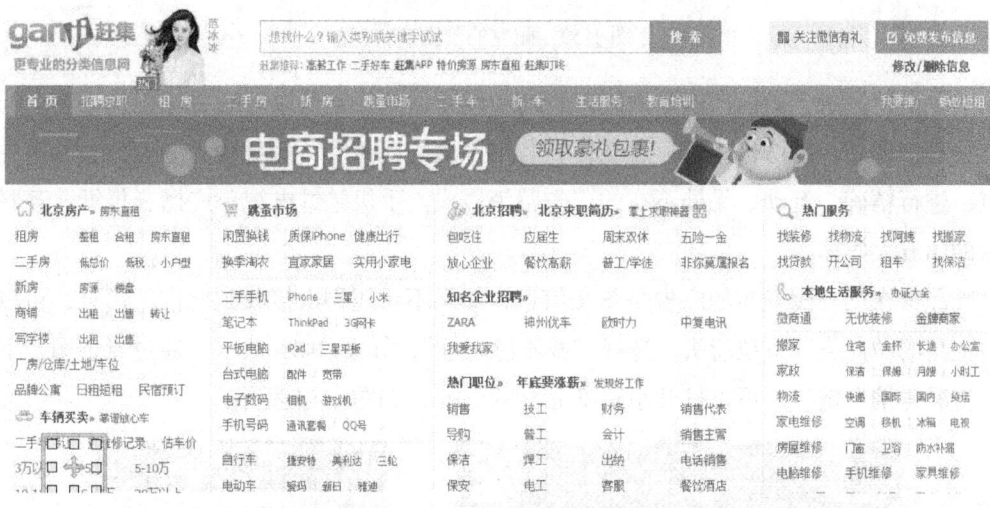

图 1-51 在线分类广告 2

（8）赞助式广告。赞助式广告（Sponsorships）是网络广告形式的一种。赞助式广告的形式多种多样，在传统的网幅广告之外，给予广告主更多的选择。赞助式广告的定义至今仍未有明确划分，有人认为，凡是所有非旗帜形式的网络广告，都可算作赞助式广告。这种概念下的赞助式广告其实可分为以下两种形式

1）广告置放点的媒体企划创意形式。

2）广告内容与频道信息的结合形式。

常见的赞助式广告有内容赞助、节目赞助、节日赞助。广告主可对自己感兴趣的网站内容或节目进行赞助，或者在特别时期（如澳门回归、世界杯）赞助网站的推广活动。图1-52 为新浪"竞技风暴"首页，"NIKE"赞助了该频道，名字也相应改成"NIKE 竞技风暴"，

并配上不同栏目。

图 1-52　耐克的赞助广告

（9）微信广告。微信广告是网络广告的一种新形式，它是以针对手机用户为客户的一种网络营销形式。以微信作为信息载体，利用手机的即时性、随身性、个人性和私密性等特点，进行精确、互动、无处不在的广告营销模式。手机是继电视、广播、报纸、互联网之后的第五大媒体。

唯品会在朋友圈发布的广告是图文信息，如果不希望再次接收到此推广信息，可以点击右上角的"广告"下拉箭头，选择"我不感兴趣"，如图 1-53 所示。通过点击图片下方的"查看详情"链接，可以打开手机唯品会的 APP，如图 1-54 所示。

图 1-53　唯品会微信朋友圈广告 1　　　　　图 1-54　唯品会微信朋友圈广告 2

惠氏在朋友圈推出的广告，在朋友圈里显示的是一个小视频，通过点击"查看详情"进入活动页，最后一页进入京东的销售页面，如图1-55和图1-56所示。

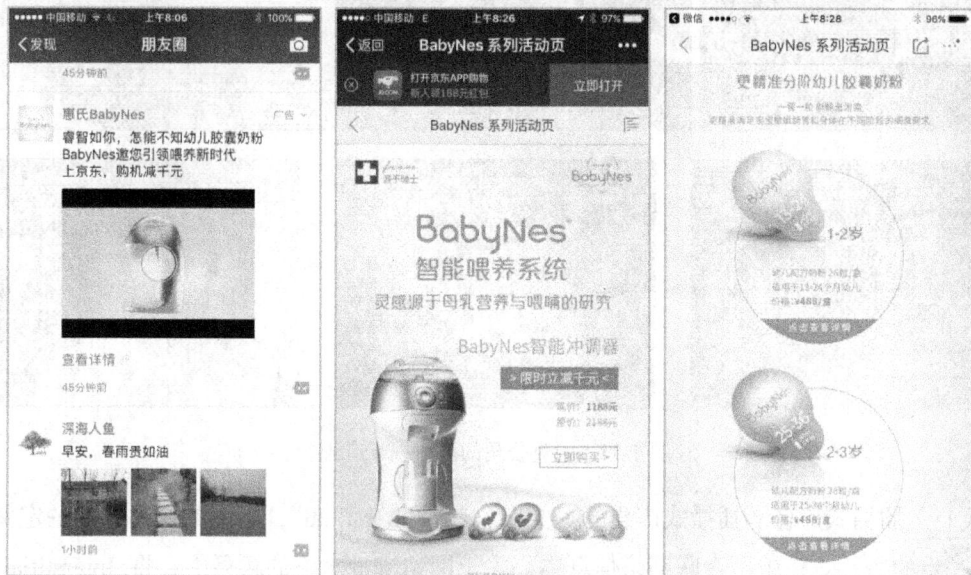

图1-55　惠氏在微信朋友圈的广告1

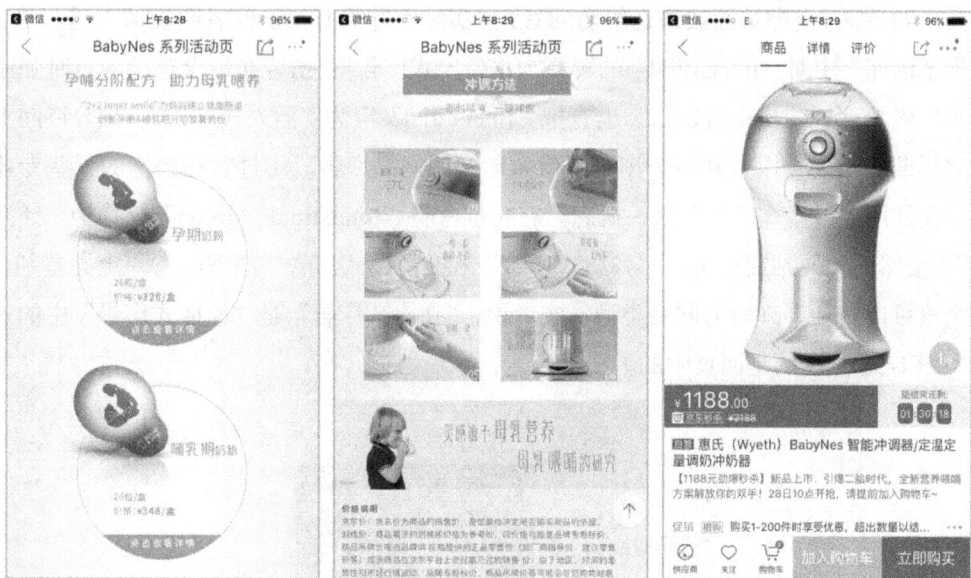

图1-56　惠氏在微信朋友圈的广告2

（10）网络视频广告。网络视频广告是采用先进数码技术（如网络视频流媒体技术、网络视频压缩技术、多媒体通信网络技术等）将传统的视频广告融入网络中，构建企业可用于在线直播实景的网上视频展台，如图1-57所示。

图 1-57　耐克公司的网络视频广告

（11）插播式广告。插播式广告的英文名称叫"Interstitial"，不同的机构对此的定义可能有一定的差别。在中国互联网络信息中心关于网站流量术语的解释中，将 Interstitial 定义为"空隙页面"，具体是这样描述的："空隙页面是一个在访问者和网站间内容正常递送之中插入的页面。空隙页面被递送给访问者，但实际上并没有被访问者明确请求过。"在"网络广告术语库"中对"Interstitial"的解释为"弹出式广告"：访客在请求登录网页时强制插入一个广告页面或弹出广告窗口。也有把"Interstitial"定为"插入式广告"：在等待网页下载的空当期间出现，以另开一个浏览视窗的形式的网络广告。不过，在台湾的一些专业文章中，也常用"插播式广告"这一概念。有时也常将"Interstitial/ Pop-up"统称为"插播式广告"。虽然一些网站或机构对"弹出式广告"和"插播式广告"的理解有一定的差别，但基本上也可以将两者理解为同一类型，或者说，"弹出式广告"是"插播式广告"中的一个类别。图 1-58 显示的是网页中的弹出式广告。

图 1-58　弹出式广告

插播式广告有点类似电视广告，都是打断正常节目的播放，强迫观看。插播式广告有各种尺寸，有全屏的也有小窗口的，而且互动的程度也不同，从静态的到全部动态的都有。浏览者可以通过关闭窗口不看广告（电视广告是无法做到的），但是它们的出现没有任何征兆。

（12）软文广告。软文广告顾名思义，它是相对于硬性广告而言，由企业的市场策划人员或广告公司的文案人员来负责撰写的"文字广告"。与硬广告相比，软文之所以叫软文，精妙之处就在于一个"软"字，好似绵里藏针，收而不露，克敌于无形。它追求的是一种春风化雨、润物无声的传播效果。如果说硬广告是外家的少林功夫，那么，软文则是绵里藏针、以柔克刚的武当拳法，软硬兼施、内外兼修，才是最有力的营销手段。

案例 1-8

雅虎站长天下软文营销范例

帖子标题：雅虎竟是这样报答广大用户的

帖子内容：当年，国际巨头封杀了淘宝广告的管道，淘宝找到了很多中小网站，它们提供了全力支持。"淘宝网有今天，不能忘记当年在井冈山与延安帮助我们的老乡。"在淘宝网成功后，马云一直有个情结，惦记着为中小网站做些事情。这些是马云 2007 年底说的，淘宝是中国广大的用户养活的，没有中国的草根，就没有淘宝的今天。

最近刚知道，雅虎现在在做一个 10 万元悬赏站长的活动，出手够大方，一个月 10 万元奖励那些在雅虎站长天下做得比较好的站长。10 万元还是很诱惑人的，其实站长天下功能很简单，因为我之前玩过空间、博客，而且算比较熟悉，站长天下和空间、博客有像的地方。1 个月奖励 10 万元不算小数目了，我所知道的，这个应该算最夸张的奖励了，淘宝也不过是免费提供了一个可以赚钱的工具，现在站长天下，除了免费，还要拿 10 万元出来奖励那些免费建网站的人，是不是太夸张了点？谁知道这个事，给点儿信儿！

这个要是真的，我估计大部分网民估计都会疯。

（13）SNS 活动广告。SNS 网站聚集了大量的人气，有人的地方就有营销，特别是淘宝提出"在 2011 年淘宝必须 SNS 化"之后，SNS 越来越受到企业的重视，有通过 SNS 宣传品牌的，有销售产品的，有与目标顾客互动的，有解决售后问题的，等等。SNS 广告如图 1-59 所示。

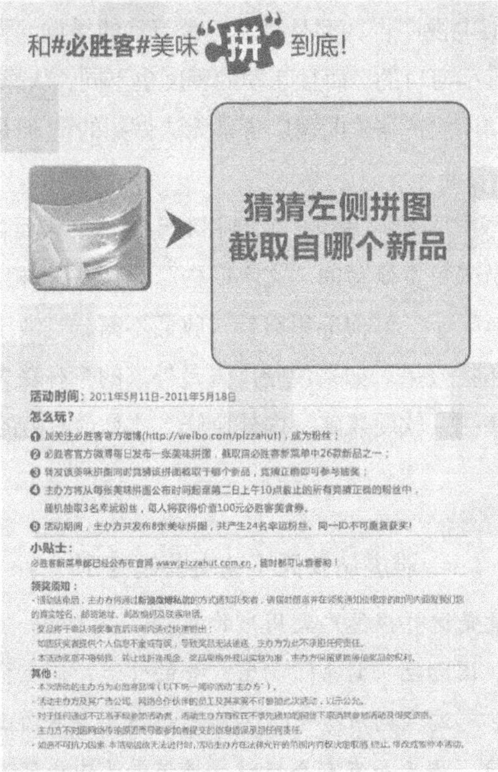

图1-59　新浪微博企业认证用户活动广告

资料来源：http://t.sina.com.cn/1898229275/eA8ptFMml4Q

（14）直播广告。2016年5月12日，小米Max发布会采用直播互动的形式，近3 000万人通过直播平台观看了小米这场发布会。同一天，导演方励在自己的微博上直播下跪，请求院线多给《百鸟朝凤》排片。13日，林俊杰助阵"熊猫TV"，直播DOTA2；16日，秒拍与微博旗下的直播平台"一直播"正式上线，贾乃亮携宋仲基直播首秀。

从前网红扎推直播平台聊天、唱跳、玩游戏，如今各路明星入驻平台，各行各业借力直播宣传曝光，直播界越来越热闹。如果说在2015年之前，视频直播还被认为是小众，那么现在，直播搭载了影视、娱乐甚至金融，出现在每个人的身边，逐渐成为这个时代的"标配"。

（15）VR广告。虚拟现实技术是一种可以创建和体验虚拟世界的计算机仿真系统，它利用计算机生成一种模拟环境，是一种多源信息融合的、交互式的三维动态视景和实体行为的系统仿真使用户沉浸到该环境中。虽然现在的VR内容还在发展初期，要想在VR内容里面赚到钱并不是一件容易的事，但也已经有公司建立起VR的营销平台，并且在VR内容里面嵌入广告。

有些 VR 广告具有非常引人入胜的体验，就像一个电影预告片的一部分。另外，VR 看上去也是数字时代最有效的分销平台，随着它的增长速度比移动端还要快，VR 或许可以定义下一个广告平台，以及广告内的互动。

（16）其他广告形式。

1）屏保。屏保能在计算机空闲时以全屏的方式播放动画，并且能配上声音，可以说屏保是个人计算机上最好的广告载体。许多知名品牌都制作了自己的屏保程序放在网上供用户下载，并且用户也会使用电子邮件来传递屏保程序。好的屏保可以得到相当广的流传，制作公司可以用很小的投入换来极佳的宣传效果。

2）书签和工具栏广告。浏览器的收藏夹和工具栏现在也成了广告的载体。某些软件会在用户安装的同时，在用户的浏览器工具栏上生成广告按钮。

3）指针。网页上的任何东西都有可能成为广告的载体，甚至鼠标指针也能成为品牌宣传的工具。通过使用 Comet Systems 公司的软件，用户可以指定任何图片成为鼠标的指针，用户所浏览的网页也可指定特定的图片成为指针的形状。

4）在线软件。聊天终端窗口会出现一个广告条，而且它会自动轮换播放。除了聊天工具，一切与网络相关的软件都能成为广告的载体，如下载工具 Flashget、网络蚂蚁等，它们在未进行注册时，都有一条网幅广告在软件界面的顶端显示。软件与广告的结合，甚至被视为将来软件发行的一个重要渠道。软件作者通过加入网络广告来获得收入，而用户通过看广告省下了购买软件的费用。

5）窄告广告。窄告广告就是通过运用高端互联网应用技术和特有的窄告发布系统，使广告客户的广告内容与网络媒体上的文章内容、浏览者偏好、使用习性、浏览者地理位置、访问历史等信息自动进行匹配，并最终发布到与之相匹配的文章周围的广告发布模式。

6）定向广告。定向广告发布技术可以将广告传送给最有可能购买相应产品的网民。定向广告还可以使广告主即时了解广告的运作细节信息。

3. 传统广告与网络广告

传统广告媒体主要有电视、广播和报刊，现在又出现了新媒体，相对于传统媒体，新媒体被形象地称为"第五媒体"。新媒体是新的技术支撑体系下出现的媒体形态，如数字杂志、数字报纸、数字广播、手机短信、手机微信、移动电视、网络、桌面视窗、数字电视、数字电影、触摸媒体等。

（1）传统广告。广告媒体众多，既有电视、广播、报纸等大众性传播媒体，又有路牌、灯箱、交通工具等户外媒体，以及 POP、包装物、电话黄页、产品目录等其他媒体，甚至也包括人体、厕所墙壁等一切可资利用的"新"媒体，当然还有日益兴起的互联网媒体。

其中，报刊、广播、电视是公认的三大传统广告媒体。通过这三大媒体发布的广告是主要的传统媒体广告。

（2）网络广告与传统媒体广告对比。网络广告与传统媒体广告不同之处具体表现在以下几方面。

1）广告发布形式。传统广告发布主要是通过广告代理制实现的，即由广告主委托广告公司实施广告计划，广告媒介通过广告公司来承揽广告业务。广告公司同时作为广告客户的代理人和广告媒体的代理人提供双向的服务。网络广告发布的方式主要有三个：广告主自己制作，自己建立网站，自行发布广告信息；传统的广告代理商进入网络广告服务领域，或者与网络服务商合作，广告专业人才与网络技术人员优势互补，共同代理此类业务；网络服务商为广告主办理广告业务，有点类似于传统媒体自己的广告部门。

2）广告对象。电视、广播、报纸等传统媒体，其某一时段节目或某一栏目可能是针对特定消费者的，但就整个媒体而言，其对象几乎是全民性的，包括了各个年龄、各个文化水平、各个收入标准、各个生活层次的消费者。

由于网络对消费者物质设备、文化水平和经济收入的要求，对广大消费者做了第一层次的市场细分，从全体消费者中分离出了"网民"这一具有某些共同特质的消费者群。一般来说，网络用户大多是经济发达地区、具有较高文化水平和职业层次、中高等收入的中青年。

3）媒体收费。电视、广播、报纸等传统媒体广告的计费方式是建立在收视收听率或发行量阅读率的基础之上以 CPM（千人印象成本）为单位计算的。大部分网络媒体服务商沿用了这种模式，以广告图形在用户终端计算机上被显示 1 000 次为基准计费。网络广告收费包括按发布时长定价、按点击率定价、按简单回应定价、按实际回应定价等方式。

4）效果评定。网络广告效果测评由于技术上的优势，使得网络广告效果测评成本低，耗费人力物力少；网络的交互性使得消费者可以在浏览访问广告点时直接在线提意见反馈信息；网络广告效果测评不需要人员参与访问，避免了调查者个人主观意向对被调查者产生影响。

传统媒体广告效果的测评一般是通过邀请部分消费者和专家座谈评价，或者调查视听率发行量，或者统计销售业绩分析销售效果。在实施过程中，广告效果评定结果往往和真实情况相差很远。

4. 广告理论

（1）STP 理论。市场细分（Market Segmentation）的概念是美国营销学家温德尔·史密斯（Wended Smith）在 1956 年最早提出的，此后，美国营销学家菲利普·科特勒进一步发展和完善了温德尔·史密斯的理论并最终形成了成熟的 STP 理论：市场细分（Segmentation）、目标市场选择（Targeting）和定位（Positioning）。

STP 理论是指企业在一定的市场细分的基础上，确定自己的目标市场，最后把产品或服务定位在目标市场中的确定位置上。具体而言，市场细分是指根据顾客需求上的差异把某个产品或服务的市场划分为一系列细分市场的过程。目标市场是指企业从细分后的市场中选择出来的决定进入的细分市场，也是对企业最有利的市场组成部分。而市场定位就是在营销过程中把其产品或服务确定在目标市场中的一定位置上，即确定自己产品或服务在目标市场上的竞争地位，也叫"竞争性定位"。

细分消费者市场的基础有以下几个。

1）地理细分：国家、地区、城市、农村、气候、地形。

2）人口细分：年龄、性别、职业、收入、教育、家庭人口、家庭类型、家庭生命周期、国籍、民族、宗教、社会阶层。

3）心理细分：社会阶层、生活方式、个性。

4）行为细分：时机、追求利益、使用者地位、产品使用率、忠诚程度、购买准备阶段、态度。

5）受益细分：追求的具体利益、产品带来的益处，如质量、价格、品位等。

（2）AIDMA 法则。AIDMA 法则是由美国广告人 E.S.刘易斯提出的具有代表性的消费心理模式，它总结了消费者在购买商品前的心理过程。消费者先是注意商品及其广告，对该商品感兴趣，并产生一种需求，最后是记忆及采取购买行动。其过程可描述为"注意（Attention）—兴趣（Interest）—消费欲望（Desire）—记忆（Memory）—行动（Action）"，简称 AIDMA。类似的用法还有去掉记忆一词的 AIDA，增加了相信（Conviction）一词，简称 AIDCA。AIDMA（爱德玛）法则也可作为广告文案写作的方式。

（3）网络广告定位。广告定位属于心理接受范畴的概念，所谓广告定位，是指广告主通过广告活动，使企业或品牌在消费者心目中确定位置的一种方法。定位思想的最先倡导者是美国著名广告专家 J. 克劳特。

广告定位理论的发展共经历了四大阶段。

1）USP 阶段（商品时代）。20 世纪 50 年代，美国的罗瑟·瑞夫斯提出广告应有"独具特点的销售说辞"（Unique Selling Proposition，USP）。他主张广告要把注意力集中于商品的特点及消费者利益之上，强调在广告中要注意商品之间的差异，并选择好消费者最容易接受的特点作为广告主题。

2）形象广告阶段。自 20 世纪 50 年代以来，许多广告人通过各种广告宣传和促销手段，不断为企业提高声誉，开创著名品牌产品，使消费者根据企业的名声与印象来选择商品。

这个时期，广告思想都以树立品牌形象为核心，在客观的广告实践上，推动了企业营销活动的开展。

3）广告定位阶段。广告定位阶段自 20 世纪 70 年代初期产生，到 20 世纪 80 年代中期达到顶峰，其广告理论的核心就是使商品在消费者心目中确立一个位置。正如艾·里斯和杰·特劳特所指出的：广告已进入一个以定位策略为主的时代，"在定位的时代，去发明或发现了不起的事物并不够，甚至还不需要。然而，你一定要把进入潜在顾客的心智作为首要之图"。

4）系统形象广告定位。进入 20 世纪 90 年代后，世界经济日益突破地区界限，发展成为全球性的世界性大经济。企业之间的竞争从局部的产品竞争、价格竞争、信息竞争、意识竞争等发展到企业的整体性企业形象竞争，原来的广告定位思想进而发展为系统形象的广告定位。

这种广告定位思想，变革了产品形象和企业形象定位的局部性和主观性的特点，也改变了 20 世纪 70~80 年代广告定位的不统一性、零散性、随机性，更多地从完整性、本质性、优异性的角度明确广告定位。

（4）产品广告定位。产品广告定位主要有两大类：实体定位和观念定位。

1）实体定位。所谓实体实位，就是在广告宣传中突出产品的新价值，强调本品牌与同类产品的不同之处，以及能够给消费者带来的更大利益。实体实位又可以区分为市场定位、品名定位、品质定位、价格定位和功效定位。

① 市场定位。市场定位就是指把市场细分的策略运用于广告活动，确定广告宣传的目标。

广告在进行定位时，要根据市场细分的结果，进行广告产品市场定位，而且不断地调整自己的定位对象区域。只有向市场细分后的产品所针对的特定目标对象进行广告宣传，才可能取得良好的广告效果。

② 品名定位。任何产品都有一个名称，但并不是随机地选定一个名称都可以。在我国许多地区，人们在选定产品名称时讲究吉祥和顺达，当然国内也有不少有名的产品名称用现代营销观念来分析并非能行得通，但由于历史渊源的原因仍然著名，像天津的"狗不理"作为包子食品的名称，就是较为奇特的一个。在现代社会中，企业开发和生产的产品，不仅仅是产品本身，而且在创造一种文化现象，这必然要求产品的名称与文化环境相适应。

③ 品质定位。在现实生活中，广大消费者非常注重产品的内在质量，而产品质量是否卓越决定产品能否拥有一个稳定的消费群体。很多广告把其产品定位在品质上，取得了良好的广告效果。

④ 价格定位。把自己的产品价格定位于一个适当的范围或位置上，以使该品牌产品的价格与同类产品价格相比较而更具有竞争实力，从而在市场上占领更多的市场份额。盐、

糖等日常必需品类可以采用价格定位的方式。

⑤ 功效定位。这是指在广告中突出广告产品的特异功效，使该品牌产品与同类产品有明显的区别，以增强竞争力。广告功效定位是以同类产品的定位为基准，选择有别于同类产品的优异性能为宣传重点。美国七喜汽水的广告宣传，就以不含咖啡因为定位基点，以显示与可口可乐等众多饮料的不同。

2）观念定位。观念定位是在广告中突出宣传品牌产品新的意义和新的价值取向，诱导消费者的心理定势，重塑消费者的习惯心理，树立新的价值观念，引导市场消费的变化或发展趋向。观念定位在具体应用上分为逆向定位和是非定位两种。

① 逆向定位。逆向定位是指用有较高知名度的竞争对手和声誉来引起消费者对自己的关注、同情和支持，以达到在市场竞争中占有一席之地的广告定位效果。当大多数企业广告的定位都是以突出产品的优异之处的正向定位，采取逆向定位反其道而行之，利用社会上人们普遍存在的同情弱者和信任诚实的人的心理，反而能够使广告获得意外的收获。

② 是非定位。是非定位就是打破既定思维模式下的观念体系，创立一种超乎传统意义的新观念。在前面已经介绍过的美国七喜汽水广告定位，就属于典型的是非定位，由于其典型性，在很多地方又把是非定位称为"非可乐定位"。

企业专家经验谈 1-1

网络广告策划过程

网络媒体的特点决定了网络广告策划的特定要求。例如，网络的高度互动性使网络广告不再只是单纯地创意表现与信息发布，广告主对广告回应度的要求会更高；网络的时效性非常重要，网络广告的制作时间短，上线时间快，受众的回应也是即时的，广告效果的评估与广告策略的调整也都必须是即时的。因此，传统广告的策划步骤在网络广告上运用可以说有很大的不同，因此网络广告有自己的策划过程，具体如下。

1．确定网络广告的目标

确定广告目标的作用是通过信息沟通使消费者产生对品牌的认识、情感、态度和行为的变化，从而实现企业的营销目标。在公司的不同发展时期有不同的广告目标，如形象广告和产品广告，对于产品广告来说，在产品的不同发展阶段广告的目标可分为提供信息、说服购买和提醒使用等。

2．确定网络广告的目标群体

简单来说，确定网络广告的目标群体就是确定网络广告希望让哪些人来看网络广告，确定他们属于哪个群体、哪个阶层、哪个区域。只有让合适的用户来参与广告信息活动，才能使广告有效地实现其目标。

3．进行网络广告创意及策略选择

（1）要有明确有力的标题。广告标题是一句吸引消费者的且带有概括性、观念性和主导性的语言。

（2）简洁的广告信息。

（3）发展互动性，如在网络广告上增加游戏功能，提高访问者对广告的兴趣。

（4）撰写文案。

（5）确定网络广告预算。

4．选择网络广告发布时间、渠道及方式

合理安排网络广告发布的时间，网上发布广告的渠道和形式众多，各有优劣，企业应根据自身情况及网络广告的目标，选择网络广告发布渠道及方式。

5．设计效果评估方案

企业专家经验谈 1-2

网络广告策划的六大原则

网络推广最直接的手段就是网络广告，网络广告策划有以下一些原则。

1．明确广告目的

要明确广告目的是为了宣传品牌/产品，还是推广在线业务，根据目的的不同选择不同类型的网络广告。如果是宣传品牌，应该在访问量大、美誉度高、访问群体与目标消费者相符的综合门户网站或行业门户网站投放广告；如果是为了某个产品的促销或渠道建设，适宜在行业门户网站投放广告；如果是为了推广在线业务，则适宜在搜索引擎购买关键字排名，实现精准的网络广告投放。

2．确定费用预算

不同类型网络广告和网站平台的费用差距非常大，新浪、QQ 等网站的日广告费用在数万元到数十万元，小的专业门户的广告费用则可能只有几千元或几万元，搜索关键字排名一般按点击收费，每次点击费用不等，广告联盟的价格相对便宜，但投放的网站多是个人网站，信誉度不高。应针对自己的推广目的，选择性价比最好的广告投放形式，确定合理的费用预算。

3．制定投放策略

是在一个网站投放，还是多个网站投放？是单一广告展示，还是专门建立推广网站？投放的最佳时间段是什么时候？如何控制广告费用的消耗？广告效果不佳时如何调整？是否需要专门客服人员应对访问者咨询？此类问题需要事前制定方案。

4．广告内容的策划制作

网络广告的媒体形式有文字、图片、动画、富媒体等多种，在选择了合适的投放渠道和制定投放策略之后，就需要进行广告内容的制作。创意好、设计精美、定位准确的广告能吸引更多的用户浏览和访问，可以大大提高广告的性价比；制作粗劣的广告则会降低广告的效果，甚至可能让大笔的广告费用付诸流水。

5．网络广告投放实施

广告投放的操作一般由网站来完成，有些平台（如广告联盟、搜索引擎关键字广告）提供客户操作的后台，这样更容易控制广告的投放过程。在投放之前，操作人员需要详细了解操作步骤，以便及时发现问题。

6．网络广告效果监测

网络广告的效果到底如何，需要通过监测相关数据并进行后期分析得知。一般主要监测广告的展示量、点击量、平均访问页数、地域分布等。根据这些数据去评价广告效果，改进广告投放策略，以便下次投放时参考。

需要注意的是，如果企业的广告是通过链接将用户引导到自己的网站上来，那么一定要注意自己网站的访问是否稳定，带宽是否足够。因为广告一旦投放，可能短时间内有大量访客访问企业的网站。根据经验，在新浪首页一条简单的文字广告都可能带来500IP/分钟左右的访问量，图片广告更是数倍于此。而一般企业网站的虚拟主机配置都不高，难以负载大量的并发访问。当访问者点击广告时，如果页面打不开，企业的广告费就白白浪费了，所以这个问题千万不要忽略。

二、网络广告目标主题与创意

1．网络广告目标

网络广告目标是指广告活动所要达到的预期目的。作为广告规划的总体要求和广告策划各项活动的中心，广告目标规定着广告活动总任务，决定着广告活动行动和发展的方向。

（1）广告目标的类型。根据广告内容和广告效果可以进行不同的分类。

1）广告内容目标。广告内容目标就是指广告所传播的信息内容要达到的目标。在确定网络广告目标时，还可以参考商品的生命周期，处于不同生命周期的商品，其广告目标也不尽相同。可以分为：创牌广告目标、保牌广告目标、竞争广告目标、形象广告目标。

① 创牌广告目标适合产品的引入期和成长前期，也是广告的初期。新产品刚进入市场，产品的品质、功效、造型、结构等都尚未被消费者认识。广告宣传以创牌为目标，目的是

使消费者产生新的需要，执行开拓市场的战略。这是广告宣传的初级阶段，在此阶段以告知为广告策略，突出新旧产品的差异，向消费者介绍新产品的有关知识，使消费者对新产品有所认识，引起兴趣，产生信任感，并大力宣传商标和牌名，扩大知名度。与促销相结合的广告手段，促使最先使用者购买，争取更多的早期使用者，逐步过渡到普遍采用。

②　保牌广告目标和竞争广告目标标适合产品成长后期和成熟期，是广告的中期。新产品已获消费者承认，销售量急剧上升，利润已有保证。同类产品也纷纷投入市场，竞争日益激烈。产品进入成熟期后，消费者已形成使用习惯，产品销售达到顶峰。在此阶段，广告以保牌为目标，巩固已有的市场和扩大市场潜力，展开竞争性广告宣传，引导消费者认牌选购。广告诉求必须具有强大的说服力，突出本产品与其他同类产品的差异性和优越性，巩固企业和产品的声誉，加深消费者的印象。广告对象转化为广大消费者。

③　形象广告目标适合产品成长期和成熟期，对企业形象文化起到一定宣传作用。到了产品的饱和期和衰退期，产品供求日益饱和，原有产品已逐渐变成老产品，新产品逐步入市。此阶段的广告目标重点放在维持产品市场上，采用延续市场的手段，保持产品的销售量或延缓销售量的下降。运用广告提醒消费者，以长期、间隔、定时发布广告的方法及时唤起注意，巩固习惯性购买。诉求重点是突出产品的销前和售后服务、保持企业荣誉、稳定产品的晚期使用者及保守者。

2）广告效果目标。

①　广告销售效果目标。广告销售效果目标是通过广告后一段时间内达到的销售额和利润等。

②　广告传播效果目标。广告传播效果目标是通过广告达成品牌的宣传效果，提高在消费者心目中的地位等。

（2）广告主的营销目标。广告主的营销目标可以分为：产品促销目标和品牌宣传目标。

1）产品促销目标。广告目的是促销商品，达到短期内销售额的大幅度提升。

2）品牌宣传目标。广告目的是宣传企业文化，树立品牌形象，为长期的营销打基础。

（3）广告目标选择。

1）提高商品的知名度和认知度。

2）加强社会公众对企业和商品品牌的印象。

3）提高消费者对品牌的指名购买率。

4）维持和扩大广告品牌的市场占有率。

5）向社会公众传播企业和品牌、企业经营和服务的信息。

6）加强新产品的宣传，普及新产品知识，介绍新产品的独特之处。

7）纠正社会公众对于企业和品牌的认知偏差，排除销售上的障碍。

8）提高企业的美誉度，树立企业良好的形象。

9）对于人员推广一时难以达到的目标市场，进行事先广告宣传。

10）增加产品使用的持续性，维持市场销售率或增加产品的销售。

11）劝诱潜在消费者到销售现场或展览宣传场所参观，以提高对产品的认知，增强购买信心。

12）创造市场，挖掘潜在市场目标。

13）创造流行，推进社会文化潮流的发展。

2. 网络广告主题

网络广告主题是广告定位的重要组成部分，即"广告什么"，是广告的中心思想，是广告内容和目的的集中体现和概括，是广告诉求的基本点，广告创意的基石。广告主题在广告的整个运作过程中处于统帅和主导地位。广告设计、广告创意、广告策划、广告文案、广告表达均要围绕广告主题。广告主题使广告的各种要素有机地组合成一则完整的广告作品。每一阶段的广告工作都紧密围绕广告主题而展开，不能随意偏离或转移广告主题。

广告主题的基本要求是：鲜明突出，新颖独特，寓意深刻。有人从媒体目标受众的心理要求出发，将广告主题分为不同的种类，如健康类、食欲类、安全类、爱美类、时尚类、爱情类、荣誉类、母爱类、地位类、社交类、快乐类、效能类、方便类、经济类、保证类等。

3. 网络广告创意

（1）广告创意的概念。广告创意是指广告中有创造力地表达出品牌的销售信息，以迎合或引导消费者的心理，并促成其产生购买行为的思想。简单来说就是通过大胆新奇的手法来制造与众不同的视听效果，最大限度地吸引消费者，从而达到品牌声浪传播与产品营销的目的。广告创意由两大部分组成：广告诉求和广告表现。

（2）网络广告主题和创意的关系。广告创意必须紧密围绕广告主题。广告策划首先确定广告主题，但广告主题仅仅是一种思想或概念，如何把广告主题表现出来，表现得更准确，更有感染力，这是广告创意的宗旨。如果没有很好地表现广告主题的广告创意，广告很难吸引人的注意，很难达到效果。也就是说，广告主题是中心思想，广告创意是通过艺术构思来表现广告主题，所以说，广告创意必须先有广告主题。

（3）创意过程中的思维。在网络广告创意的过程中，设计人员进行了各种思维活动，最终产生出好的创意。这些思维活动可以划分为四类。

1）形象思维，又称"艺术思维"，即运用形象所进行的思维活动。在产品设计、生产、营销中时都会涉及形象思维，作为集合科学、艺术、文化于一体的广告创意，更离不开形象思维。

　　在广告创意中运用形象思维进行创意，可以强化产品定位、帮助构思广告内容、安排广告形式，还可以传达企业的整体形象。

案例 1-9

穿"哈撒威（Hathaway）衬衫"的男人

　　大卫·奥格威为哈撒威衬衫所做的广告："穿哈撒威衬衫的男人"（见图1-60），奥格威给这个人戴上一只眼罩。奥格威回忆说："我想了18种方法来把有魔力的'佐料'加进广告里。第18种就是给模特戴上一只眼罩。最初我们否定了这个方案而赞成用另外一个被认为更好一些的想法，但在去摄影棚的路上，我鬼使神差般地钻进一家店花了一块五毛钱买了一只眼罩。广告使哈撒威牌衬衫在过了116年默默无闻的日子后，一下子走红起来。它为什么会成功，我大约永远也不会明白。"这就是瞬间出现的灵感……迄今为止，以这样快的速度、这样低的广告费用建立起全国性的品牌，这还是绝无仅有的例子。

图1-60　哈撒威衬衫广告

　　2）逻辑思维。逻辑思维是人们在认识过程中借助于概念、判断、推理反映现实的过程。对于理性的消费者来讲，他们绝对不会无缘无故地购买自己并不需要的东西，广告策划人必须给消费者一个充足的理由才行。

案例 1-10

脑白金和黄金搭档广告（见图 1-61）。

图 1-61 脑白金和黄金搭档广告

这两个广告都是用摆事实、讲道理的方法来说服消费者购买。

3）情感思维。情感是指人的喜怒哀乐等心理表现。广告作为一种信息传递工具，其中一项重要的功能是"传情达意"，即对人与人、人与物、人与大自然之间美好感情的表达。

广告创意中的情感思维就是研究广告如何发现、发掘、沟通人们潜在的情感，引起人们的心理共鸣，以达到吸引注意、促进销售的目的。

案例 1-11

百年润发

百年润发（其广告见图 1-62）就是运用情感思维将男女之间美好温馨的情感融入广告创意中，让人们产生心理共鸣，吸引消费者。

图 1-62 百年润发广告

4）直觉思维。直觉思维是指思维对感性经验和已有知识进行思考时，不受某种固定的逻辑规则约束而直接领悟事物本质的一种思维方式。直觉思维有突发性、偶然性和不合逻辑性的特点。

案例 1-12

保险广告

例如，图 1-63 所示的这则保险广告，用创可贴来表现贴近群众生活。

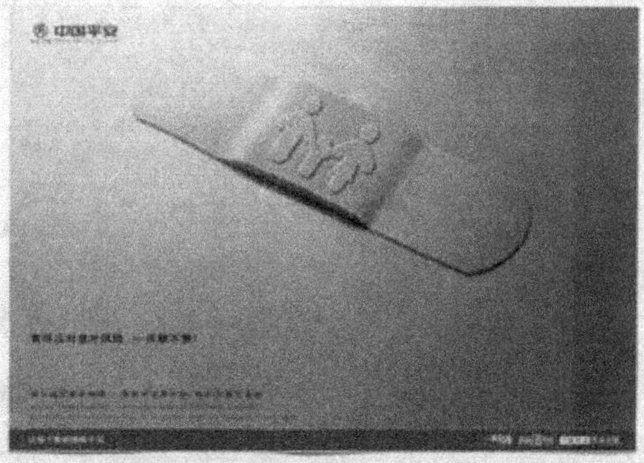

图 1-63　保险广告

（4）网络广告创意的程序。网络广告创意的程序分为五个阶段。

1）准备期：调查阶段——收集资料。

2）孵化期：分析阶段——找出商品最有特色的地方。

3）启示期：酝酿阶段——为提出创意做心理准备。

4）验证期：开发阶段——多提出几个创意。

5）形成期：评价决定阶段——确定最好的创意。

（5）创意的类型。

1）分为抽象创意与形象创意。抽象创意是指通过抽象概念的创造性重新组合，以表现广告的内容。形象创意是通过具体形象创造性的重新组合，以表现广告内容。这种类型的广告创意是以形象的展现来反映出广告主题，从而直观地吸引公众。

2）分为商品陈述型、比较型、故事型、夸张型、联想型等。

① 商品陈述型。这是最常用的广告创意类型。它以广告商品的客观情况为核心，表现商品的现实性和真实性本质，以达到突出商品优势的目的。

② 比较型。这种类型的广告创意是将自己的品牌产品与同类产品进行优劣比较，从而引起消费者注意和认牌选购。

③ 故事型。这种类型的广告创意是借助生活、传说、神话等故事内容的展开，在其中

贯穿有关品牌产品的特征或信息，借以加深受众的印象。由于故事本身就具有自我说明的特性，易于让受众了解，使受众与广告内容发生连带关系。

④ 夸张型。夸张型广告创意是基于客观真实的基础，对商品的特征加以合情合理的渲染，以达到突出商品或劳务本质与特征的目的。采用夸张型的手法，不仅可以吸引受众的注意，还可以取得较好的艺术效果。

⑤ 联想型。可以是在时间上或空间上接近的事物之间产生联想；在性质上或特点上相反的事物之间产生联想；在形状上或内容上相似的事物之间产生联想；在逻辑上有某种因果关系的事物之间产生联想。

⑥ 比喻型。比喻型广告创意是指采用比喻的手法，对广告产品的特征进行描绘或渲染，或有用浅显常见的道理对深奥的事理加以说明，以达到帮助受众深入理解，使事物生动具体，给人以鲜明、深刻的印象。

⑦ 幽默型。幽默型广告创意以高雅、风趣表现广告主题，而不是一般的俏皮话和耍贫嘴，切忌使用粗俗、生厌、油滑和刻薄的说辞。

⑧ 拟人型。这种类型的广告创意以一种形象表现广告商品，使其带有某些人格化特征，即以人物的某些特征来形象地说明商品，可以使商品生动、具体，给受众以鲜明、深刻的印象。

除了以上一些创意类型，还有悬念型、戏剧型、证言型、类推型等广告创意。

4. 网络广告文案

（1）广告文案的概念。所谓广告文案，是以言语进行广告信息内容表现的形式。广告文案有广义和狭义之分，广义的广告文案就是指通过广告语言、形象和其他因素，对既定的广告主题、广告创意所进行的具体表现。广义的广告文案包括标题、正文、口号的撰写和对广告形象的选择搭配。狭义的广告文案则指表现广告信息的言语与文字构成，狭义的广告文案包括标题、正文、口号的撰写。

准确、规范是广告文案中最基本的要求。广告文案要实现对广告主题和广告创意的有效表现和对广告信息的有效传播。

（2）网络广告文案的构成。广告文案由广告标题、广告正文、广告口号、随文（附文）四部分组成。它是广告内容的文字化表现。在广告设计中，文案与图案图形同等重要，图形具有前期的冲击力，广告文案具有较深的影响力。

1）广告标题。它是广告文案的主题，往往也是广告内容的诉求重点。它的作用在于吸引人们对广告的注目，留下印象，引起人们对广告的兴趣，促进购买。只有当受众对标题产生兴趣时，才会阅读正文。网络广告标题的设计形式有情报式、问答式、祈使式、新闻式、口号式、暗示式、提醒式等。广告标题撰写时要语言简明扼要，易懂易记，传递清楚，新颖个性，一般控制在12个字以内。

2）广告正文。广告正文是以客观的事实对产品及服务进行具体的说明，以增加消费者的了解与认识，以理服人。广告正文撰写内容要实事求是，通俗易懂。不论采用何种题材式样，都要抓住主要的信息来叙述，言简易明。

案例 1-13

广告标题：为什么我们车子的车前鼻如此粗短？

广告内容：VW车不需要长的车前鼻，因为它的引擎放在后面，这使得它比长车前鼻多了二三个优点。显而易见，它的车身较短，您可以从拥挤的车阵脱身，也可以轻易进出窄小的停车场。您车的保险杆被撞凹的概率几乎等于零，因为VW车的短车鼻，使您对前面道路状况一目了然。重点是：VW车的每件东西，包括改良点在内，都是有目的的。如果你没有多年开VW车的经验，你很难完全了解车上的等距传道装置，以及我们更宁静、更强力的引擎或3 021个改良点。外表上，VW车全然相同，而内部，却已不同。它的价值不会跌落，因为外形多年没什么改变。车前鼻和所有其他的一切都是如此。

【评析】这是一份一体式的文案，它的标题是"为什么我们车子的车前鼻如此粗短"。文案开头的主要使命是将受众的新闻记者和接收由广告标题转向广告正文中间段的购买理由而展开表述，一般有两种方式：承接标题、总结全文。中间段是广告正文的核心部分，一般将商品特点、消费理由做详细的介绍。结尾部分是广告正文的最后部分，它的主要作用是促使受众尽快付诸行动，尽快成为消费者。

3）广告口号。广告口号是一种长期使用的特定宣传用语，表现企业相对不变的广告宣传的基本概念或主题的短句，是战略性的语言，目的是经过反复和相同的表现，使消费者掌握商品或服务的个性，这已经成为推广商品不可或缺的要素。广告口号的撰写要注意简洁明了、语言明确、独创有趣、便于记忆、易读上口、号召力强、嵌入品牌、经久耐用。

案例 1-14

广告标题：这是一辆诚实的车子

广告内容：这辆金龟车误了船期，车身有个地方的镀铬脱落，必须更换。您也许不会注意到，但我们一位名叫K.古洛拉的质检员注意到了。在金龟车制造厂有3 398名员工，他们只有一个工作：检查金龟车制造过程中的每个步骤（我们每天生产3 000辆金龟车，质检员人数多于此数）。每一个避震器都要经过检查（我们不允许抽检），每一面挡风玻璃也都要经过检查。一辆金龟车会因为肉眼看不到的刮痕而被打回票。最后的检查更严厉，质检员把每一辆金龟车从生产线开到测试场，通过 189 个检查项目，当开回自动刹车平台，50 辆中总有一辆被评为"不合格"。这样细密的事前检查，使这辆车比其他车耐用，维修费也花得较少（二手车比其他车要高）。我们剔除不良品，使您获得高价品。

【评析】该广告用了一个反向标题，向受众毫不犹豫地揭自己的短。这一标题能引起受众的关注，同时也体现其广告诉求点"这是一辆诚实的车子"。广告正文利用实证手法，用整个篇幅详细地、真实地表现了金龟车的检查过程和一系列真实、有说服力的数字，传递企业对产品检查过程中的感受人目的"我们剔除不良品，使您获得高价品"。广告正文还运用故事体顺序和归纳顺序交叉进行的写作方式，能更好地吸引读者。最后一段的评价和总结性语言，为广告正文的结尾部分，将检验的意义深化升华了。

4）广告标题和广告语的关系。广告标题是整个广告文案乃至整个广告作品的总题目和主题，往往也是广告内容的诉求重点。广告标题要求体现广告主题，表现消费者利益，鲜明突出、生动活泼，有吸引力。广告语是从主体从长远利益出发，在一定时期内反复使用的特定的宣传词句。它们的功能不同、表现风格不同、运用的时间与范围不同、负载的信息不同，总体来看，广告标题是一个题目，广告语延伸广告标题的含义，明确主题，加深主题。因此，广告语是企业文化的象征，换广告时标题可以改，但是广告语最好不要改。

（3）广告标题类型。广告标题分为直接标题、间接标题和复合标题三大类型。

1）直接标题。这种标题是以简明的语言直接表明广告内容，广告标题直接传播广告信息，将产品的主要情况、产品效用直截了当地告诉消费者，使人们一看便知要推销什么，会给消费者带来什么利益。直接标题虽然简单明了，但它往往不能引起消费者的足够注意。

2）间接标题。这种标题不直接出现所要推销的商品的内容，往往连产品的名称都不告诉消费者，而是利用艺术手法暗示或诱导消费者，引起消费者的兴趣与好奇心理，从而进一步注意广告正文。间接标题诱发兴趣的根本目的是诱导广告受众阅读正文。

3）复合标题。这种标题是将直接标题与间标题复合起来。一则复合标题常由两个或两个以上标题组成，除了有一个主标题外，还有一个或两个副标题。有些标题，除正题、副题外，还有引题。复合标题能将直接标题和间接两种标题揉在一起，各取所长，既富有情趣性，又具有清楚明白的效果。这类广告标题常用于前两种标题不易表达广告内容时用。

案例 1-15

四通文字处理机的广告

小到一颗螺丝钉。

——四通的服务无微不至

【评析】这是四通文字处理机的广告标题，文字的第一行是主题，采用间接标题，运用了"比"的修辞手段，是虚写；文字的第二行是副标题，采用直接标题，道出了广告所宣传的产品，是实写。以小小的螺丝钉作文章，让消费者联想到四通的产品质量过硬，服务周到，小到一颗螺丝都毫不马虎，关键部位就更不用说。通过间接标题的诱导、直接标题的点明，消费者从形象思维过渡到产品本身，由此加深了对产品的印象。这个标题匠心独运。

（4）广告语写作。广告语的创作思路应从三个方面入手：产品层面、消费者层面、市场层面。产品层面即从产品的优点、特点来挖掘创造广告语的思路。消费者层面是要思考消费者在消费这类商品时，哪些需求没有被满足？偏爱是什么？消费时遇到什么问题和困惑？市场层面要分析市场有哪些空白？竞争对手在做什么？在说什么？有什么薄弱点？该如何说？

（5）网络广告文案撰写。AIDMA法则可以作为网络广告文案撰写的方法，是从消费者的接受心理为出发点提出的广告文案创作模式。其基本思想是通过广告文案改变或强化消费者的思想观念。主要包含四方面的内容。

1）广告标题：引起"注意"（Attention），在网络广告中意味着消费者在计算机屏幕上通过对广告的阅读，逐渐对广告主的产品或品牌产生认识和了解。

2）正文开头：产生"兴趣"（Interest）。网络广告受众注意到广告主所传达的信息之后，对产品或品牌发生了兴趣，想要进一步了解广告信息，可以点击广告，进入广告主放置在网上的营销站点或网页中。

3）正文中间：增强购买"欲望"（Desire）。感兴趣的广告浏览者对广告主通过商品或服务提供的利益产生"占为己有"的企图，他们必定会仔细阅读广告主的网页内容，这时就会在广告主的服务器上留下网页阅读的记录。

4）正文结尾："行动"（Action）发生。最后，广告受众把浏览网页的动作转换为符合广告目标的行动，可能是在线注册、填写问卷参加抽奖或在线购买等。

三、网络广告发布

1. 发布渠道和形式

网络广告的发布可供选择的渠道和形式主要有：在企业自己的网站上发布、利用其他网站发布、手机微信朋友圈发布、VR 发布、网络直播发布、使用新闻组进行发布、利用电子邮件进行发布、黄页形式、友情链接、互动游戏式广告、网络视频广告、聊天工具中发布、论坛社区广告等。

（1）主页形式。建立自己的主页，对于企业来说，是一种必然的趋势。它不但可以树立企业形象，也是宣传产品的良好工具。在互联网上做广告的很多形式都只是提供了一种快速链接公司主页的途径，所以，建立公司的主页是最根本的。从今后的发展看，公司的主页地址也会像公司的地址、名称、电话一样，是独有的，是公司的标识，将成为公司的无形资产。

（2）网络内容服务商（ICP）。网络内容服务商（如新浪、搜狐、网易等），提供了大量的互联网用户感兴趣并需要的免费信息服务，包括新闻、评论、生活、财经等内容，因此，这些网站的访问量非常大，是网上最引人注目的站点。目前，这样的网站是网络广告发布的主要阵地，但在这些网站上发布广告的主要形式是旗帜广告。

（3）专类销售网。这是一种专业类产品直接在互联网上进行销售的方式。进入这样的网站，消费者只要在一张表中填上自己所需商品的类型、型号、制造商、价位等信息，然后按一下搜索键，就可以得到你所需要商品的细节资料。

（4）企业名录。这是由一些互联网服务商或政府机构将一部分企业信息融入自己的主页中。例如，中国香港商业发展委员会的主页中就包括汽车代理商、汽车配件商的名录，只要用户感兴趣，就可以通过链接进入选中企业的主页。

（5）免费的电子邮件服务。在互联网上有许多服务商提供免费的电子邮件服务，很多上网者都喜欢使用。利用这一优势，能够帮助企业将广告主动送至使用免费电子邮件服务的用户手中。

（6）黄页形式。在互联网上有一些专门用以查询检索服务的网站，如 Yahoo!、Infoseek、Excite 等。这些站点就如同电话黄页一样，按类别划分，便于用户进行站点的查询。采用这种方法的好处，一是针对性强，查询过程都以关键字区分；二是醒目，处于页面的明显处，易于被查询者注意，是用户浏览的首选。

（7）网络报纸或网络杂志。随着互联网的发展，国内外一些著名的报纸和杂志纷纷在互联网上建立了自己的主页；更有一些新兴的报纸或杂志，放弃了传统的纸质媒体，完完全全地成为一种"网络报纸"或"网络杂志"。其影响非常大，访问的人数不断上升。对于注重广告宣传的企业来说，在这些网络报纸或杂志上做广告，也是一个较好的传播渠道。

（8）新闻组。新闻组是人人都可以订阅的一种互联网服务形式，阅读者可成为新闻组的一员。成员可以在新闻组上阅读大量的公告，也可以发表自己的公告，或者回复他人的公告。新闻组是一种很好的讨论和分享信息的方式。广告主可以选择与本企业产品相关的新闻组发布公告，这将是一种非常有效的网络广告传播渠道。

2. 时间策划

网络广告的时间策划是其策略决策的重要方面。它包括对网络广告时限、频率、时序及发布时间的考虑。时限是广告从开始到结束的时间长度，即企业的广告打算持续多久，这是广告稳定性和新颖性的综合反映。频率即在一定时间内广告的播放次数，网络广告的频率主要用在电子邮件广告形式上。时序是指各种广告形式在投放顺序上的安排。发布时间是指广告发布是在产品投放市场之前还是之后。根据调查，消费者上网活动的时间多在晚上和节假日。

网络广告并不是从始至终都显示在网页上的，它是有选择性的出现的。这就是网络广告的媒体计划。通过制定合适的媒体计划，才能取得更高效的广告效果。

（1）网络广告媒体计划。网络广告媒体计划包括广告对象、广告时机、广告频次。

1）网络广告对象。广告对象是指广告信息传播的目标市场。在广告计划中，要确定广告的诉求对象，即广告能引起哪些人的注意、兴趣，激发哪些人的购买行为。

2）网络广告时机。广告时机是指确定广告发布的时间和空间范围。

把握广告时机的策略：

① 提前推出策略。广告先于产品进入市场，目的在于制造声势，先声夺人。此种策略广泛运用于全新产品、换代新产品、季节性商品和时令性商品等。

② 即时推出策略。广告与产品同步推向市场。这种策略主要适用于商业企业的通知性广告，如告知购买者已经到货，从而唤起他们实施购买。

③ 延时推出策略。广告迟于商品推向市场。此种策略主要适用于上市没有十分把握的新产品，即企业先把产品推向市场，待看市场反映后再决定如何做广告。

3）网络广告频次。广告频次是指在单位时间内同一广告重复出现的次数。

广告投放的档次直接关系暴露频次。暴露频次是指在一段时间内，某一广告暴露于目标消费者的平均次数。受众接触广告次数的多少，与他们对广告产品产生的反应有直接关系。广告次数太少，未能超过受众的感觉域限，就达不到效果；广告次数过多，不但浪费，而且还会引起消费者的厌烦情绪。

消费者对频次的反应，基本上反映了消费者从接触广告到最终产生购买行动所经历的层级反应过程，即所谓从知名、理解，到喜欢、偏好，最后产生购买。可见，购买的促成有赖于广告频次的累积，即必须累积到一定的频次才能促成效果的产生。

（2）制定媒体计划的过程。制定媒体计划的过程需要四个阶段。

1）确定媒体目标。媒体目标就是受众、时间、地点、次数和方式，即要达到什么样的目标群、什么时间、什么地区投放等。例如，小狗电器的媒体目标如图 1-64 所示。

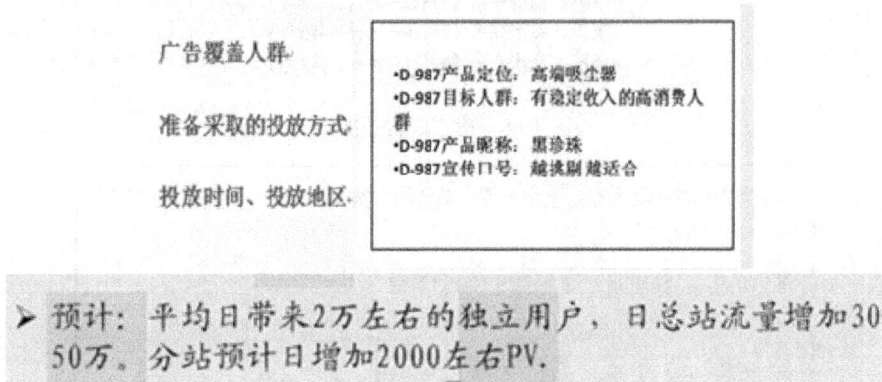

- D-987产品定位：高端吸尘器
- D-987目标人群：有稳定收入的高消费人群
- D-987产品昵称：黑珍珠
- D-987宣传口号：越挑剔 越适合

广告覆盖人群
准备采取的投放方式
投放时间、投放地区

➤ 预计：平均日带来2万左右的独立用户，日总站流量增加30-50万，分站预计日增加2000左右PV。

图 1-64　小狗电器的媒体目标

2）制定媒体组合策略。所谓媒体组合，是指在同一时期内运用各种媒体，发布内容基本相同的广告。媒体组合是大中型企业常用的媒介策略，它比运用单一媒体的广告效果要大得多。在网络广告中，通常指各个网站的组合投放广告，如图 1-65 所示，网络媒体组合就选择了新浪家居频道和中国室内设计师网。

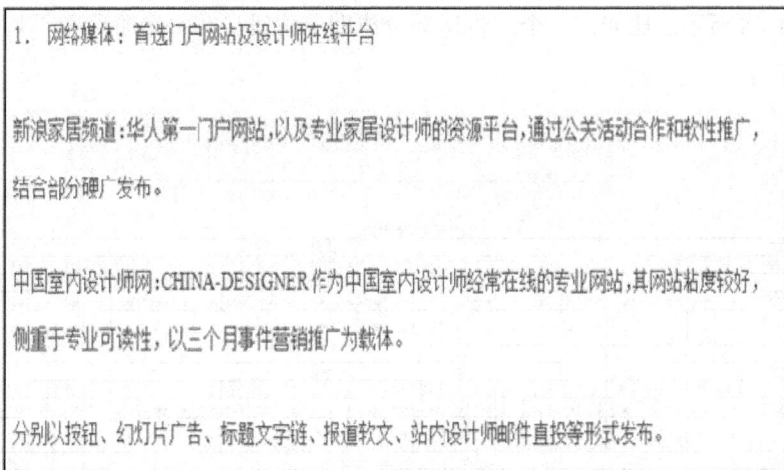

1. 网络媒体：首选门户网站及设计师在线平台

新浪家居频道：华人第一门户网站，以及专业家居设计师的资源平台，通过公关活动合作和软性推广，结合部分硬广发布。

中国室内设计师网：CHINA-DESIGNER 作为中国室内设计师经常在线的专业网站，其网站粘度较好，侧重于专业可读性，以三个月事件营销推广为载体。

分别以按钮、幻灯片广告、标题文字链、报道软文、站内设计师邮件直投等形式发布。

图 1-65　媒体组合策略

3）确定有效的广告频次。受众接受广告经过三个阶段：第一阶段引起人们独特的感觉反应；第二阶段是造成刺激，引起信息与自己相关的感觉；第三阶段用于提醒那些想购买但未采取行动的人。因此经常以三个阶段来定广告频次。如图 1-66 和图 1-67 列举了两个例子。

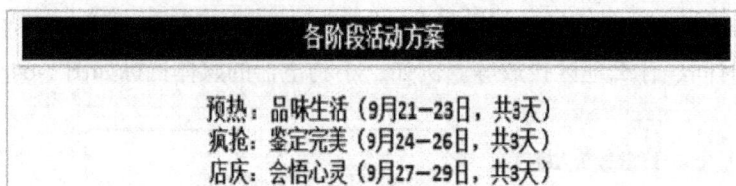

各阶段活动方案

预热：品味生活（9月21-23日，共3天）
疯抢：鉴定完美（9月24-26日，共3天）
店庆：会悟心灵（9月27-29日，共3天）

图 1-66 确定广告频次 1

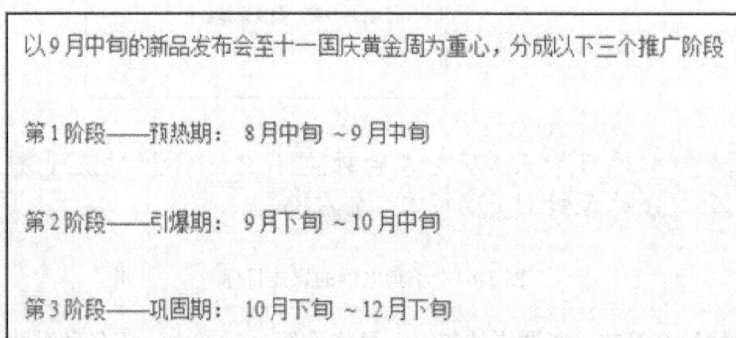

以9月中旬的新品发布会至十一国庆黄金周为重心，分成以下三个推广阶段

第1阶段——预热期：8月中旬 ~ 9月中旬

第2阶段——引爆期：9月下旬 ~ 10月中旬

第3阶段——巩固期：10月下旬 ~ 12月下旬

图 1-67 确定广告频次 2

4）媒体排期。媒体排期分为持续式、脉冲式和间歇式。

① 持续式媒体排期：指在广告运动的每个阶段都投入大约相等数量的媒介预算的排期方式，如图 1-68 所示。比如，一个广告运动分成四个阶段，在每个阶段都平均投入媒介预算的 25%。

图 1-68 持续式媒体排期

② 脉冲式媒介排期：与起伏式媒介排期一样，媒介预算的投放随时间段的变化而变化，但不同的是，它在整个广告运动的任何时段都保持了一定的广告存在，只不过是某些阶段投放的广告多一些而另外一些时段投放的广告少一些，如图1-69所示。如果一个广告运动分成四个阶段，采用脉冲式媒介排期的方式，可能是这样的形式：第一个阶段投入15%，第二个阶段投入10%，第三个阶段投入45%，第四个阶段投入30%。

媒体投放排期表

媒体选择	发布形式	八月																												
媒体选择	发布形式	九月																												
		1	2	3	4	5	6	7	8	9	10	11	12	13	14	15	16	17	18	19	20	21	22	23	24	25	26	27	28	29	30
第一财经周刊	1/3横、竖通				▲								▲								▲							▲			

媒体选择	发布形式	十月																													
		1	2	3	4	5	6	7	8	9	10	11	12	13	14	15	16	17	18	19	20	21	22	23	24	25	26	27	28	29	30	31
第一财经周刊	1/3横、竖通						▲								▲								▲									

图1-69　脉冲式媒体排期

③ 间歇式媒体排期：有广告期和无广告期交替出现，比较适合一年中需求波动较大的产品和服务，如图1-70所示。采用这种排期的主要是季节性商品或在应对竞争对手的营销活动时。

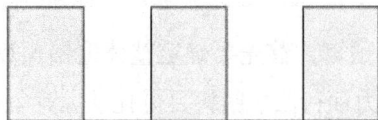

媒体投放排期表

媒体选择	发布形式	八月																													
		1	2	3	4	5	6	7	8	9	10	11	12	13	14	15	16	17	18	19	20	21	22	23	24	25	26	27	28	29	30	31
新浪家居	硬广/软文																				■□	■□	■□	■□	■□	■□	■□	■□	■□	■□	■□	■□
家居主张	硬广/软文																								▲							

媒体选择	发布形式	九月																													
		1	2	3	4	5	6	7	8	9	10	11	12	13	14	15	16	17	18	19	20	21	22	23	24	25	26	27	28	29	30
家居主张	硬广/软文																									■					
第一财经周刊	1/3横、竖通												▲								▲							▲			

媒体选择	发布形式	十月																													
		1	2	3	4	5	6	7	8	9	10	11	12	13	14	15	16	17	18	19	20	21	22	23	24	25	26	27	28	29	30	31
家居主张	硬广/软文																								■							
第一财经周刊	1/3横、竖通						▲								▲																	

媒体选择	发布形式	十一月																													
		1	2	3	4	5	6	7	8	9	10	11	12	13	14	15	16	17	18	19	20	21	22	23	24	25	26	27	28	29	30
CHINA-DESIGNER	广告位、软文	●	●	●	●	●	●	●	●	●	●	●	●	●	●	●	●	●	●	●	●										
家居主张	硬广/软文																								■	■					

图1-70　间歇式媒体排期

把三种媒体排期组合在一起就是一份完整的媒体排期计划表，如图1-71所示。

媒体投放排期表

媒体选择	发布形式	八月																														
		1	2	3	4	5	6	7	8	9	10	11	12	13	14	15	16	17	18	19	20	21	22	23	24	25	26	27	28	29	30	31
新浪家居	硬广/软文																				■□	■□	■□	■□	■□	■□	■□	■□	■□	■□	■□	■□
家居主张	硬广/软文																									▲						

媒体选择	发布形式	九月																													
		1	2	3	4	5	6	7	8	9	10	11	12	13	14	15	16	17	18	19	20	21	22	23	24	25	26	27	28	29	30
新浪家居	硬广/软文	■□	■□	■□	■□	■□	■□	■□	■□	■□	■□	■□	■□	■□	■□	■□	■□	■□	■□	■□	■□	■□	■□	■□	■□	■□	■□	■□	■□	■□	■□
CHINA-DESIGNER	广告位、软文	●	●	●	●	●	●	●	●	●	●	●	●	●	●	●	●	●	●	●	●	●	●	●	●	●	●	●	●	●	●
家居主张	硬广/软文																								■						
第一财经周刊	1/3横、竖通								▲												▲							▲			

媒体选择	发布形式	十月																														
		1	2	3	4	5	6	7	8	9	10	11	12	13	14	15	16	17	18	19	20	21	22	23	24	25	26	27	28	29	30	31
新浪家居	硬广/软文	■□	■□	■□	■□	■□	■□	■□	■□	■□	■□	■□	■□	■□	■□	■□	■□	■□	■□	■□	■□	■□	■□	■□	■□	■□	■□	■□	■□	■□	■□	■□
CHINA-DESIGNER	广告位、软文	●	●	●	●	●	●	●	●	●	●	●	●	●	●	●	●	●	●	●	●	●	●	●	●	●	●	●	●	●	●	●
家居主张	硬广/软文																								■							
第一财经周刊	1/3横、竖通													▲																		

媒体选择	发布形式	十一月																													
		1	2	3	4	5	6	7	8	9	10	11	12	13	14	15	16	17	18	19	20	21	22	23	24	25	26	27	28	29	30
新浪家居	硬广/软文	■□	■□	■□	■□	■□	■□	■□	■□	■□	■□	■□	■□	■□	■□	■□	■□	■□	■□	■□	■□	■□	■□	■□	■□	■□	■□	■□	■□	■□	■□
CHINA-DESIGNER	广告位、软文	●	●	●	●	●	●	●	●	●	●	●	●	●	●	●	●	●	●	●	●	●	●	●	●	●	●	●	●	●	●
家居主张	硬广/软文																								■						

图 1-71　媒体排期

在制定媒体计划时，还需要考虑一些问题：

- 网站（频道）流量。流量越大，广告发布范围越广。
- 覆盖人群、范围。不重复的访问者越多，广告所能达到的受众也就越多。
- 成本。企业能够投入的成本也决定了媒体的选择。
- 媒体的硬件条件。

3. 费用预算

要正确确定网络广告费用预算，首先要确定整体促销预算，再确定用于网络广告的预算。整体促销预算可以运用量力而行法、销售百分比法、竞争对等法或目标任务法来确定。而用于网络广告的预算则可依据目标群体情况及企业所要达到的广告目标来确定，既要有足够的力度，也要以够用为度。量力而行法即企业确定广告预算的依据是它们所能拿得出的资金数额。销售百分比法即企业按照销售额（销售实绩或预计销售额）或单位产品售价的一定百分比来计算和决定广告开支。竞争对等法是指企业比照竞争者的广告开支来决定本企业广告开支的多少，以保持竞争上的优势。目标任务法的步骤：①明确地确定广告目标；②决定为达到这种目标而必须执行的工作任务；③估算执行这种工作任务所需的各种费用，这些费用的总和就是计划广告预算。

四、网络广告效果评估

广告效果就是广告对其接受者所产生的影响及由于人际传播所达到的综合效应。

1. 传统广告效果测评指标

传统广告测定和评估广告效果有以下一些指标。

（1）注目率，即广告受注意的程度，它包括广告的接触者数量、接触者范围以及在一定时期内接触广告的次数。

（2）有效率（到达率），即指对广告到达程度的确定，包括知名度、理解率、确信率。具体是指通过广告活动，企业名称、产品品牌等有多少消费者知道，有多少消费者理解了广告所传达的各种信息，又有多少消费者信服了这些广告信息继而转变了心理态度或采取了一定的购买行为。

（3）行动率。广告的最终目标是促成消费行为和心态变化。

2. 网络广告效果测评指标

网络广告根据自身的特点，与传统广告效果测评对应的有四项测评内容。

（1）广告曝光次数（Advertising Impression），是指网络广告所在的网页被访问的次数，这一数字通常用计数器来统计。

常用的一个指标是千人印象成本（Cost Per Thousand Impression，CPM）其公式为

$$CPM=总成本÷广告曝光次数×1\ 000$$

（2）点击次数（Click）与点击率（Click Through Rate，CTR）：网民点击网络广告的次数就称为点击次数，点击次数可以客观准确地反映广告效果。

$$CTR=点击次数÷广告曝光次数$$

与点击率相关的一个概念是每点击成本（Cost Per Click，CPC）。

$$CPC=总成本÷广告点击次数$$

（3）互动性（Interactivity）。互动性主要表现为人与人之间的互动和人与信息之间的互动。

衡量信息由商家向消费者流动的指标主要为网页阅读次数（Page View），是指浏览者对该页面的一次浏览阅读称为一次网页阅读。而所有浏览者对这一页面的总的阅读次数就称为网页阅读次数。网页阅读次数主要用"点击次数"估算。

衡量信息由消费者向商家流动的指标为每回应成本（Cost Per Response，CPR）：主要利用网络访客的回应次数来衡量网络广告的效果。这种方法适合促销性质的广告，不太适合网上企业形象宣传。

（4）转化次数（Conversion）与转化率（Conversion Rate）。"转化"被定义为受网络广告影响而形成的购买、注册或信息需求。转化次数就是由于受网络广告影响所产生的购买、注册或信息需求行为的次数。

$$转化率=转化次数\div广告曝光次数$$

与转化率相关的一个概念是每购买成本（Cost Per Action，CPA），即利用网络访客在线购买产品的次数来衡量网络广告的效果。

$$CPA=总成本\div转化次数$$

3. CPM、CPC、CPA 的比较

CPM 是目前应用最广，也是使用起来最简单的指标。其含义是：广告显示 1 000 次所应付的费用。

CPC 是每点击成本，也是目前常用的指标，在这种模式下广告主仅为用户点击广告的行为付费，而不再为广告的显示次数付费。

由于 CPM 和 CPC 两个指标都存在一定的局限性，所以有人提出了 CPA 指标。CPA 对于广告主具有借鉴意义，因为网络广告的最终目的就是促进产品的销售，这是通过消费者的行动来实现的每次行动成本。

五、网络广告策划书的内容与结构

网络广告策划书包括市场分析、广告策略、广告计划、广告活动的效果预测与监控和附录几部分。

1. 市场分析

市场分析包括营销环境分析、消费者分析、产品分析、企业与竞争对手竞争状况分析、企业与竞争对手广告分析。

（1）营销环境分析。

1）企业市场营销环境中宏观的制约因素。

① 企业目标市场所处区域的宏观经济形势。

- 总体的经济形势。
- 总体的消费态势。

- 产业的发展政策。

② 市场的政治、法律背景。

- 是否有有利或不利的政治因素可能影响产品的市场？
- 是否有有利或不利的法律因素可能影响产品的销售和广告？

③ 市场的文化背景。

- 企业的产品与目标市场的文化背景有无冲突之处？
- 这一市场的消费者是否会因为产品不符合其文化而拒绝产品？

2）市场营销环境中的微观制约因素。

① 企业的供应商与企业的关系。

② 产品的营销中间商与企业的关系。

3）市场概况。

① 市场的规模。

- 整个市场的销售额。
- 市场可能容纳的最大销售额。
- 消费者总量。
- 消费者总的购买量。
- 以上几个要素在过去某个时期内的变化。
- 未来市场规模的趋势。

② 市场的构成。

- 构成这一市场的主要产品的品牌。
- 各品牌所占据的市场份额。
- 市场上居于主要地位的品牌。
- 与本品牌构成竞争的品牌是什么？
- 未来市场构成的变化趋势如何？

③ 市场构成的特性。

- 市场有无季节性？
- 市场有无暂时性？
- 市场有无其他突出的特点？

4）营销环境分析总结。

① 机会与威胁。

② 优势与劣势。

③ 重点问题。

（2）消费者分析。

1）消费者的总体消费态势。

- 现有的消费时尚
- 各种消费者消费本类产品的特性。

2）现有消费者分析。

① 现有消费群体的构成。

- 现有消费者的总量。
- 现有消费者的年龄。
- 现有消费者的职业。
- 现有消费者的收入。
- 现有消费者的受教育程度。
- 现有消费者的分布。

② 现有消费者的消费行为。

- 购买的动机。
- 购买的时间。
- 购买的频率。
- 购买的数量。
- 购买的地点。

③ 现有消费者的态度。

- 对产品的喜爱程度。
- 对本品牌的偏好程度。
- 对本品牌的认知程度。
- 对本品牌的指名购买程度。
- 使用后的满足程度。
- 未满足的需求。

3）潜在消费者。

① 潜在消费者的特性。

- 总量。
- 年龄。
- 职业。
- 收入。
- 受教育程度。

② 潜在消费者现在购买行为。

- 现在购买哪些品牌的产品？
- 对这些产品的态度如何？
- 有无新的购买计划？
- 有无可能改变计划购买的品牌？

③ 潜在消费者被本品牌吸引的可能性。

- 潜在消费者对本品牌的态度如何？
- 潜在消费者需求的满足程度如何？

4）消费者问题调查。

① 潜在消费者。

- 机会与威胁。
- 优势与劣势。
- 主要问题点。

② 目标消费者。

- 目标消费群体的特性。
- 目标消费群体的共同需求。
- 如何满足他们的需求？

（3）产品分析。

1）产品特征分析。

① 产品的性能。

- 产品的性能有哪些？
- 产品最突出的性能是什么？
- 产品最适合消费者需求的性能是什么？
- 产品的哪些性能还不能满足消费者的需求？

② 产品的质量。

- 产品是否属于高质量的产品？
- 消费者对产品质量的满足程度如何？
- 产品的质量能继续保持吗？
- 产品的质量有无继续提高的可能？

③ 产品的价格。

- 产品价格在同类产品中居于什么档次？
- 产品的价格与产品质量的配合程度如何？

- 消费者对产品价格的认识如何？

④ 产品的材质。

- 产品的主要原料是什么？
- 产品在材质上有无特别之处？
- 消费者对产品材质的认识如何？

⑤ 生产工艺。

- 产品通过什么样的工艺生产？
- 在生产工艺上有无特别之处？
- 消费者是否喜欢使用这种工艺生产的产品？

⑥ 产品的外观与包装。

- 产品的外观和包装是否与产品的质量、价格和形象相称？
- 产品在外观和包装上有没有缺欠？
- 外观和包装在货架上的同类产品中是否醒目？
- 外观和包装对消费者是否具有吸引力？
- 消费者对产品外观和包装的评价如何？

⑦ 与同类产品的比较。

- 在性能上有何优势？有何不足？
- 在价格上有何优势？有何不足？
- 在材质上有何优势？有何不足？
- 在工艺上有何优势？有何不足？
- 在消费者的认知和购买上有何优势？有何不足？

2）产品生命周期分析。

① 产品生命周期的主要标志。

② 产品处于什么样的生命周期。

③ 企业对产品生命周期的认知。

3）产品的品牌形象分析。

① 企业赋予产品的形象。

- 企业对产品形象有无考虑？
- 企业为产品设计的形象如何？
- 企业为产品设计的形象有无不合理之处？
- 企业是否将产品形象向消费者传达？

② 消费者对产品形象的认知。

- 消费者认为产品形象如何？
- 消费者认知的形象与企业设定的形象符合吗？
- 消费者对产品形象的预期如何？
- 产品形象在消费者认知方面有无问题？

4）产品定位分析。

① 产品的预期定位。

- 企业对产品定位有无设想？
- 企业对产品定位的设想如何？
- 企业对产品的定位有无不合理之处？
- 企业是否将产品定位向消费者传达？

② 消费者对产品定位的认知。

- 消费者认为的产品定位如何？
- 消费认知的定位与企业设定的定位符合吗？
- 消费者对产品定位的预期如何？
- 产品定位在消费者认知方面有无问题？

③ 产品定位的效果。

- 产品的定位是否达到了预期的效果？
- 产品定位在营销中是否有困难？

5）产品分析的总结。

① 产品特性。

- 机会与威胁。
- 优势与劣势。
- 主要问题点。

② 产品的生命周期。

- 机会与威胁。
- 优势与劣势。
- 主要问题点。

③ 产品的形象。

- 机会与威胁。
- 优势与劣势。
- 主要问题点。

④ 产品定位。

- 机会与威胁。
- 优势与劣势。
- 主要问题点。

⑤ 产品定位。

- 机会与威胁。
- 优势与劣势。
- 主要问题点。

（4）企业与竞争对手竞争状况分析。

1）企业在竞争中的地位。

① 市场占有率。

② 消费者认识。

③ 企业自身的资源和目标。

2）企业的竞争对手。

① 主要的竞争对手是谁？

② 竞争对手的基本情况。

③ 竞争对手的优势与劣势。

④ 竞争对手的策略。

3）企业与竞争对手的比较。

① 机会与威胁。

② 优势与劣势。

③ 主要问题点。

（5）企业与竞争对手广告分析。

1）企业和竞争对手以往的广告活动的概况。

① 开展的时间。

② 开展的目的。

③ 投入的费用。

④ 主要内容。

2）企业和竞争对手以往广告的目标市场策略。

① 广告活动针对什么样的目标市场进行？

② 目标市场的特性如何？

③ 有何合理之处？

④ 有何不合理之处？

3）企业和竞争对手的产品定位策略。

4）企业和竞争对手以往的广告诉求策略。

① 诉求对象是谁。

② 诉求重点如何。

③ 诉求方法如何。

5）企业和竞争对手以往的广告表现策略。

① 广告主题如何，有何合理之处？有何不合理之处？

② 广告创意如何，有何优势？有何不足？

6）企业和竞争对手以往的广告媒介策略。

① 媒介组合如何？有何合理之处？有何不合理之处？

② 广告发布的频率如何？有何优势？有何不足？

7）广告效果。

① 广告在消费者认知方面有何效果？

② 广告在改变消费者态度方面有何效果？

③ 广告在消费者行为方面有何效果？

④ 广告在直接促销方面有何效果？

⑤ 广告在其他方面有何效果？

⑥ 广告投入的效益如何？

8）总结。

① 竞争对手在广告方面的优势。

② 企业自身在广告方面的优势。

③ 企业以往广告中应该继续保持的内容。

④ 企业以往广告突出的劣势。

2. 广告策略

（1）广告的目标。

1）企业提出的目标。

2）根据市场情况可以达到的目标。

3）对广告目标的表述。

（2）目标市场策略。

1）企业原来市场观点的分析与评价。

① 企业原来所面对的市场。

- 市场的特性。

- 市场的规模。

② 企业原有市场观点的评价。

- 机会与威胁。

- 优势与劣势。

- 主要问题点。

- 重新进行目标市场策略决策的必要性。

2）市场细分。

① 市场细分的标准。

② 各个细分市场的特性。

③ 各个细分市场的评估。

④ 对企业最有价值的细分市场。

3）企业的目标市场策略。

① 目标市场选择的依据。

② 目标市场选择策略。

（3）产品定位策略。

1）对企业以往的定位策略的分析与评价。

① 企业以往的产品定位。

② 定位的效果。

③ 对以往定位的评价。

2）产品定位策略。

① 进行新的产品定位的必要性。

- 从消费者需求的角度。

- 从产品竞争的角度。

- 从营销效果的角度。

② 对产品定位的表述。

③ 新的定位的依据与优势。

（4）广告诉求策略。

1）广告的诉求对象。

① 诉求对象的表述。

② 诉求对象的特性与需求。

2）广告的诉求重点。

① 对诉求对象需求的分析。

② 对所有广告信息的分析。

③ 广告诉求重点的表述。

3）诉求方法策略。

① 诉求方法的表述。

② 诉求方法的依据。

（5）广告表现策略。

1）广告主题策略。

① 对广告主题的表述。

② 对广告主题的依据。

2）广告创意策略。

① 广告创意的核心内容。

② 广告创意的说明。

3）广告表现的其他内容。

① 广告表现的风格。

② 各种媒介的广告表现。

③ 广告表现的材质。

（6）广告媒介策略。

1）对媒介策略的总体表述。

2）媒介的地域。

3）媒介的类型。

4）媒介的选择。

① 媒介选择的依据。

② 选择的主要媒介。

③ 选用的媒介简介。

5）媒介组合策略。

6）广告发布时机策略。

7）广告发布频率策略。

3. 广告计划

（1）广告目标。

（2）广告时间。

1）在各目标市场的开始时间。

2）广告活动的结束时间。

3）广告活动的持续时间。

（3）广告的目标市场。

（4）广告的诉求对象。

（5）广告的诉求重点。

（6）广告表现。

1）广告的主题。

2）广告的创意。

3）各媒介的广告表现。

① 平面设计。

② 文案。

③ 电视广告分镜头脚本。

4）各媒介广告的规格。

5）各媒介广告的制作要求。

（7）广告发布计划。

1）广告发布的媒介。

2）各媒介的广告规格。

3）广告媒介发布排期表。

（8）其他活动计划。

1）促销活动计划。

2）公共关系活动计划。

3）其他活动计划。

（9）广告费用预算。

1）广告的策划创意费用。

2）广告设计费用。

3）广告制作费用。

4）广告媒介费用。

5）其他活动所需要的费用。

6）机动费用。

7）费用总额。

4. 广告活动的效果预测和监控

（1）广告效果的预测。

1）广告主题测试。

2）广告创意测试。

3）广告文案测试。

4）广告作品测试。

（2）广告效果的监控。

1）广告媒介发布的监控。

2）广告效果的测定。

5. 附录

在策划方案的附录中，应该包括为广告策划而进行的市场调查的应用性文本和其他需要提供给广告主的资料。

（1）市场调查问卷。

（2）市场调查访谈提纲。

（3）市场调研。

这部分应该包括广告策划的过程中所进行的市场分析的全部结果，以为后续的网络广告策略部分提供有说服力的依据。

六、案例分析

案例 1-16

【广告背景】阿迪达斯在 2007 年年末推出一辑广告，囊括了足球、跳水、篮球、排球四个项目。这几个项目在世界性范围内的影响力很大，要远远大于中国其他的传统强项。

【广告设计】打开网页，页面两边的对联第一时间进入用户眼帘，两名女排选手振臂扣球，你来我挡，趣味多多。鼠标轻轻滑过，对联中间主画面瞬间呈现，女排选手们争先跳起拦网，而身后是无数的手臂、无数的人。这样的场面只有一个词来形容，国人与运动员一起，众志成城，这样的防守有谁能突破呢？

广告主画面里有统一的"没有不可能，一起 2008"的广告语。在对联画面上有显眼的阿迪达斯标志与北京奥运标志并列的北京 2008 年的奥运会合作伙伴大标志。整则广告以比赛形式展现，互动性强，表现出不一样的视觉冲击力，有效突出了阿迪迪斯的品牌内涵！

【创意表现】★★★★

一种氛围、一份激情、一种胜利、一片欢呼，沙滩中滋生出来的年轻活力一派，在飞跃中展现实力，拼搏中夺取尊贵。"没有不可能，一起2008"口号在模拟场景中分外夺目，将用户眼球充分聚焦。广告场景的精妙布局，人物动作设计的逼真，对联与主画面的完美互动……都充分加深了受众对品牌的认知度。

【互动性】★★★★

广告最抢眼之处就是对联与主画面之间的巧妙互动，让人身临其境，乐趣无穷，这正是网络广告的精髓及富媒体魅力所在！

【总体评价】★★★

众望就是希望，扣出你的热情，中国女排在飞跃中展现实力，在互动通富媒体技术支撑以及阿迪达斯生生不息的体育精神烘托下，平添了更多伟大的期望。如果硬要给这个广告挑刺，则是由于主画面稍显庞大，需要展示的又是万众一心，众志成城，出现的人物较多，造成画面的整体效果稍嫌拥挤，不过巧妙的互动效果完全可以遮盖这一小小瑕疵。

资料来源：一大把网

案例 1-17

阿迪达斯某扩展类广告的整个页面截图如图 1-72 所示。

图 1-72　阿迪广告 1

图 1-73 为图 1-72 中右下角的页面信息。

图 1-73 阿迪广告 2

广告展示完后，出现如图 1-74 所示的提示框。

图 1-74 阿迪广告 3

【创意表现】本则精准视窗广告的亮点是融合了趣味互动环节，使受众跟随阿迪达斯的步伐感受阿迪达斯的力量

【互动性与趣味性】（1）画面通过移动鼠标，受众可以跟着阿迪达斯的步伐，踏过软质草地，穿过硬质土地，走过人造草坪，来到室内活动……通过好玩的游戏互动体验，让受众身临其境地感受阿迪达斯的优良质地。

（2）在跟随阿迪达斯一系列征途体验后，视频锁定在如图 1-74 所示的画面，通过在视频对话框里输入自己和好友的电子邮箱就有机会赢取全新的 EURO 装备。使品牌与受众又进行了一次亲密接触。

资料来源 http://www.iadchoice.com/data_ads/426/3.swf

案例 1-18

【广告背景】作为佐酒食品市场知名产品之一的百世兴酒鬼花生在 2007 年推出新口味产品。为配合此次推广活动，迅速向消费者告知新产品，广告公司为其策划建立了"百世兴—花生部落"互动网站（见图 1-75 和图 1-76）。网站除具有产品专题站的视觉传达性以外，力求达到社区网站所具有的凝聚性，做到"好玩"。圈子、在线游戏、MSN 表情下载、屏保壁纸等下载都增添了网站的黏合性和回头率。并且网站还积极配合产品的线下推广活动，用户积分等在不同时期的不同活动中都会发挥作用。

图 1-75　百世兴广告截图 1

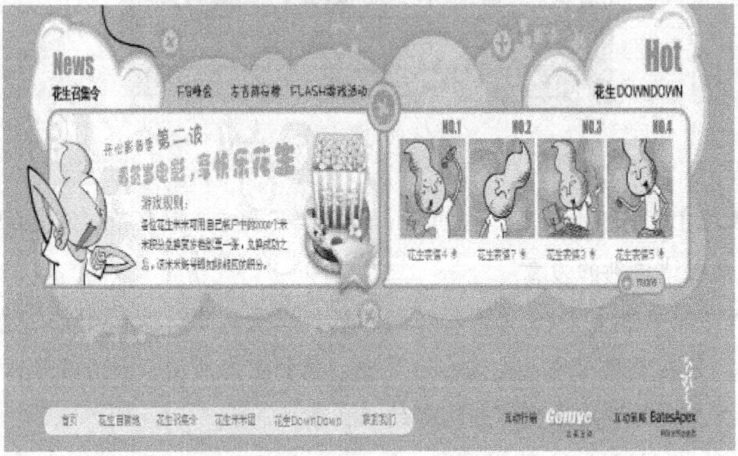

图 1-76　百世兴广告截图 2

【广告设计】在首页的设计上，虚拟出一个充满欢乐的花生部落，通过音乐、视频从视觉和听觉两个方面直观地向浏览者传递"百世兴—花生部落"希望通过其产品传递的快乐理念。

【广告画面】★★★★☆

为表现出"百世兴—花生部落"所强调的"我开心，百世兴"这一主旨，网站的整体色调以橙色为主，图形设计上沿用了"花生男"标准形象，辅以线条、花纹、卡通物品等视觉元素，营造出欢乐的氛围。

【趣味性、互动性】★★★★★

在"花生男"角色动画的设计上，加入了一些调皮、搞笑的动作，如用嘴接花生、弹吉他、跳眉来眼去舞等，给浏览者带来更加新奇、有趣的用户体验。

【营销效果】★★★★☆

网站在上线后为新产品的推广做出了积极的支持，"张学友演唱会抢票活动"使得网站第一天用户注册量就在 10 000 人以上，较高的客户满意度说明此网站是一次成功的线上线下结合推广案例。

【总体评价】★★★★☆

（1）线上，虚拟出一个充满欢乐的花生部落，运用了"花生男"做主角，色彩明快，充满欢乐气氛。

（2）线下，懂得掌握时机支持，"张学友演唱会抢票活动"使网站用户注册量快速达到 10 000 人以上，快速打开市场。

资料来源：一大把网

🌐 案例 1-19

我们再来看一些游戏、声音、三维、动画等网络广告。

1. 游戏广告

游戏广告是利用互动游戏技术将嵌入其中的广告信息传达给受众的广告形式，如图 1-77 是《天堂 2》的广告。

图 1-77 《天堂 2》在天极网上的一个 3D 游戏广告

2. 声音广告

2001 年 7 月 1 日下午 4:00，互联网上第一个自动声音广告正式亮相。只要登上新浪、搜狐、网易、人民网、中华网、FM365、TOM.com、中国网、光明网、千龙网十家网站，网民就会听到"热烈庆祝中国共产党成立 80 周年"的声音。这是上述网站上联合推出的"热烈庆祝中国共产党成立 80 周年"公益广告。

3. 三维广告

这种广告是 2001 年网易与 ViewPoint 公司合作，利用 ViewPoint 的全媒体技术推出具有 3D 效果的互动广告。如图 1-78 是康柏笔记本电脑的 3D 展示。

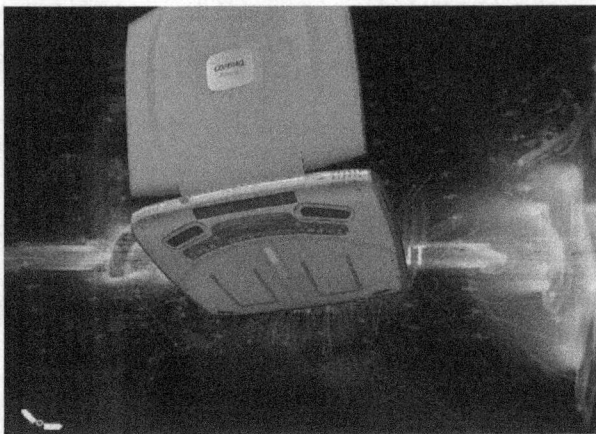

图 1-78　康柏笔记本电脑的 3D 展示

4. 动画广告

动画为网站的产品展示搭建了一个新的平台，这个平台相对于平面产品展示来说更加吸引消费者的注意力。

但是这种产品展示的方法对网站建设者的技术水平要求比较高，需要有专门的动画制作部门或请其他公司制作。

项目二

促销活动网络广告策划

学习目标

（1）能够根据任务要求及实际情况，制定促销活动网络广告策划工作计划；

（2）能够选择合适的渠道、方法获取信息并分析，撰写市场调查分析报告；

（3）能够结合市场调查，进行促销创意构思，并结合时下的热词和促销手段，设计出新颖独特的促销活动网络广告策划方案，撰写网络广告策划书；

（4）能够根据本组策划产品的特点、网络类型及消费者行为习惯等因素选择合适的网络广告发布渠道；

（5）能够根据广告效果评估的方法分析实施效果，撰写分析报告；

（6）能够掌握餐饮业常用的促销手段，提高促销活动策划能力；

（7）能够对完成的工作进行记录、存档和总结反馈；

（8）能够具有良好的市场意识、顾客意识、服务意识、经济意识；具备独立工作能力和团队合作精神；具有正确的营销价值观和创新性思维；具有良好的责任意识，关心他人和社会。

项目任务书

网络广告传播范围广，不受时间和空间的限制，因此在线上做促销就成了很多广告主采用的促销手段之一。线上促销可以采用秒杀、打折、团购等方式，餐饮业常用的促销手段有打折、返券、优惠券、办理会员卡、送礼品、送菜肴、团购等，可以扩大企业和品牌的知名度，扩大销量，提高顾客的重复购买率。因此，线上促销也是企业采用的重要形式之一。

本任务可以小组的形式完成，也可以个人形式完成。小组成员可以自由组合，一组不超过四人，如果是小组完成，后续表格中应填入小组信息，如果是个人完成，后续表格中应填入个人姓名。

一、任务内容结构

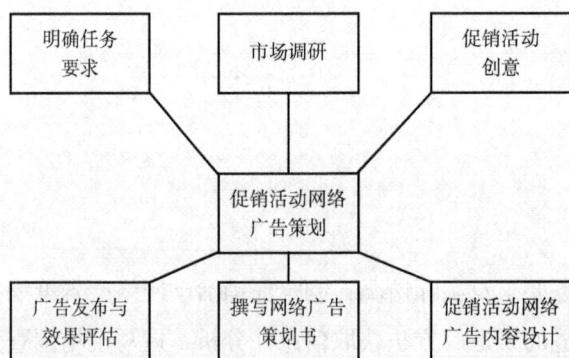

```
┌──────────┐      ┌──────────┐      ┌──────────┐
│ 明确任务  │      │ 市场调研  │      │ 促销活动  │
│  要求     │      │          │      │  创意     │
└──────────┘      └──────────┘      └──────────┘
                       │
                  ┌──────────┐
                  │ 促销活动网络│
                  │ 广告策划   │
                  └──────────┘
                       │
┌──────────┐      ┌──────────┐      ┌──────────┐
│ 广告发布与│      │ 撰写网络广告│     │ 促销活动网络│
│ 效果评估  │      │ 策划书     │      │ 广告内容设计│
└──────────┘      └──────────┘      └──────────┘
```

二、学习任务

京健达旗舰店促销活动网络广告策划任务

京健达旗舰店（https://rate.taobao.com）是一家专业足部护理的天猫店，主营各种鞋垫。京健达突出专业足部护理、呵护家人足部健康的理念，分为高跟鞋伴侣、增高、除臭吸汗、运动减震、成人护理和儿童护理系列。为了扩大知名度，加强店铺的宣传，吸引新老消费者，迎合节假日，京健达旗舰店拟开展一次促销活动，撰写策划促销活动网络广告策划方案。

第一部分

上岗准备

一、学习促销方法

1. 各种促销型网络广告的创意和策划

案例 2-1

下载优惠券——大众点评网秒杀频道，通过下载优惠券，到店可享受一定的优惠，如图 2-1 所示。

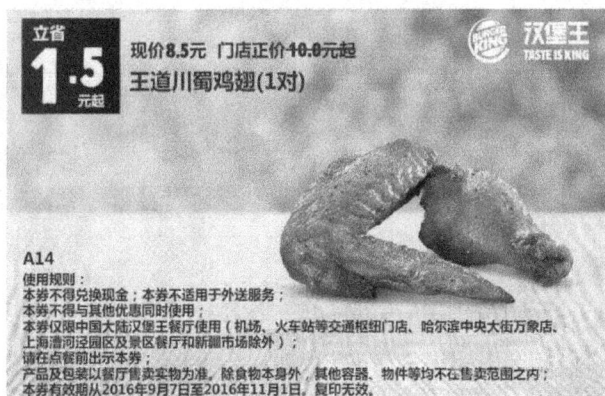

图 2-1　下载优惠券

案例 2-2

打折促销——耐克鞋打折促销，如图 2-2 所示。

超值大牌
全场低至1折
耐克新品
团购

耐克潮鞋专场
低至4.8折
秋季上新
闪购

图 2-2 打折促销

案例 2-3

满减促销——京东个人洗护用品满减促销，如图 2-3 所示。

个护清洁 CLEANING
199减100
第二件0元
国庆大放价

图 2-3 满减促销

案例 2-4

买赠促销——京东海鲜"买一赠一"，如图 2-4 所示。

京东全球海鲜
Global Seafood
买一赠一（同款海鲜）

图 2-4 买赠促销

案例 2-5

团购促销——微众北信平台的团购促销，如图 2-5 所示。

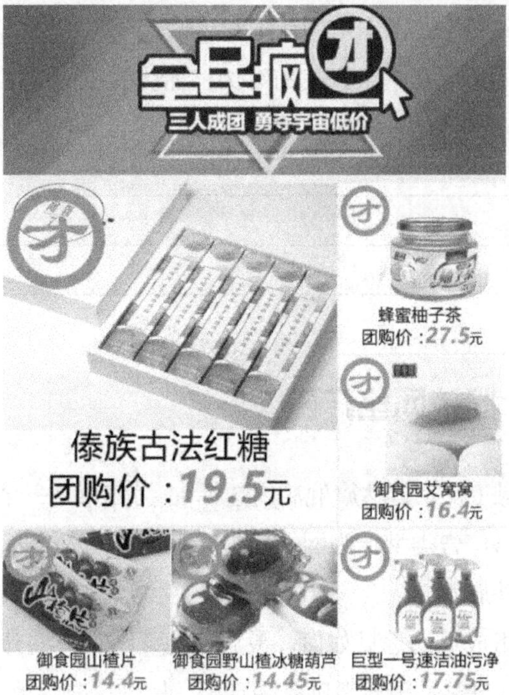

图 2-5　团购促销

案例 2-6

办理会员卡——西贝莜面村办理会员卡积分返现金，如图 2-6 所示。

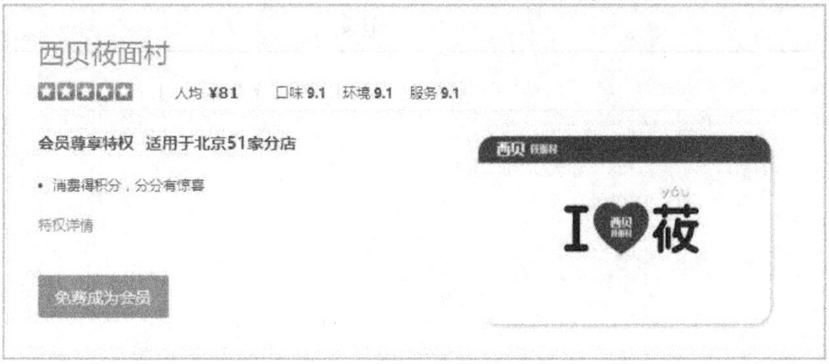

图 2-6　办理会员卡

2. 网上收集促销案例

各小组上网寻找鞋垫行业促销比较成功的案例和带有促销活动的网络广告。截图并分析，制作幻灯片，向全班同学展示本组的认识和感悟。

学习思考：通过上述案例及本组查找的案例，你认为在网络广告中如何策划鞋垫类的促销活动？利用促销可以达到什么样的效果？

_____

_____

_____

二、实践完成一个促销网络广告

各小组选择一种商品（在京健达旗舰店内选择），为其策划一个促销的网络广告，可选择多种促销形式，将网络广告类型定为网幅广告（可静可动），设计广告内容，包括图片、文字等。写出促销方案并展示。

在制作过程中，小组成员的意见如何，最后如何统一，有些什么问题，怎么解决，哪些内容还不太理解，通过自学和请教老师是否理解，将讨论内容填入表2-1。如果是个人独立完成，请写出个人在制作过程中遇到的困难和解决办法。

表2-1　小组讨论记录

第___组　组长：　　　　　　小组成员：　　　　　　　　　年　月　日

讨论主题：	
主持人：	记录人
讨论内容：	
结果：	

第二部分

促销活动网络广告策划任务实施

一、理解促销活动的网络广告整体流程，明确任务要求

1. 正确解读促销活动网络广告策划任务

（1）促销活动的网络广告策划流程分为几步？

（2）每一步我们要完成的任务是什么？

填写表2-2，解读任务。

表2-2　工任务分解表

第___组　　　　　　　　　　　　　　　　　　　　　　　　　年　月　日

序　号	任务名称	工作内容	备　注

2. 评价促销活动的网络广告

每人上网查找一个正在搞促销活动的网络广告（截图，保留电子文档），形式不限，分析其采用了那种促销形式，促销效果如何，网络广告内容制作是否吸引人，为什么，并填写表 2-3。

表 2-3　网络广告评价表

商品名称		店铺/网址	
促销形式		网址	
成员姓名			
网络广告 内容描述			
促销效果			
内容是否吸引人， 为什么			

注：促销效果可用成交量来描述。

先小组内部交流，再由个人向全班同学介绍此则促销网络广告，分析此网络广告做得好的方面和存在的问题，提出小组的改进意见。

做得好的方面：＿＿＿＿＿＿＿＿＿＿＿＿＿＿＿＿＿＿＿＿

＿＿＿＿＿＿＿＿＿＿＿＿＿＿＿＿＿＿＿＿＿＿＿＿＿＿＿＿

＿＿＿＿＿＿＿＿＿＿＿＿＿＿＿＿＿＿＿＿＿＿＿＿＿＿＿＿

存在的问题及改进意见：＿＿＿＿＿＿＿＿＿＿＿＿＿＿＿＿

＿＿＿＿＿＿＿＿＿＿＿＿＿＿＿＿＿＿＿＿＿＿＿＿＿＿＿＿

＿＿＿＿＿＿＿＿＿＿＿＿＿＿＿＿＿＿＿＿＿＿＿＿＿＿＿＿

分析广告受众：＿＿＿＿＿＿＿＿＿＿＿＿＿＿＿＿＿＿＿＿

＿＿＿＿＿＿＿＿＿＿＿＿＿＿＿＿＿＿＿＿＿＿＿＿＿＿＿＿

＿＿＿＿＿＿＿＿＿＿＿＿＿＿＿＿＿＿＿＿＿＿＿＿＿＿＿＿

针对表 2-3 中的网络广告，分析该网络广告面向的受众：包括受众的人口因素分析（年龄段、性别、职业等）、行为状态分析和意识状态分析。记录小组分工。

网络广告商品名称：_____

网址：_____

广告内容描述：_____

_____

受众分析

人口因素分析：_____

_____

行为状态分析：_____

_____

意识状态分析：_____

_____

小组分工

本人在此次任务中所担任的工作是：_____

_____

3. 填写个人日志

填写个人日志，如表 2-4 所示，在日志中要能够展现出制作此次任务时，都学习了哪些东西，在什么地方学习的。

表 2-4　个人日志

第___组　　　　　　　　　　　　　　　　　　　　姓名：_____

序号	日期	学习内容	链接地址（或文件名）	备注

注：此表为每人 1 份。

至此，我们已经对本次促销活动的网络广告策划任务有了明确的认识，并已经制定了考核标准，下面我们就来进行具体的促销活动策划工作。

二、制定计划

根据网络广告策划的工作过程以及任务分解，结合本次任务的具体内容，写出小组工作计划，并填写表 2-5。

表 2-5　促销活动网络广告策划工作计划

第＿＿组：　　　　　　　　　　　　　　　　　　　　制定时间：＿＿年＿月＿日

工作内容	工作方法	负责人	完成时间	是否按时完成	实际完成人

三、实施与控制

现在我们可以开始创意促销活动的网络广告了。

1. 搜集资料，进行市场调研，撰写调研报告

（1）明确概念。在正式调研之前，我们先来明确两个概念：广告调查和市场调查。何谓广告调查？何谓市场调查？二者是否相同，有何关系？

_____

_____

_____

查找问卷调查网，有哪些网站可以免费发布调查问卷。

_____

_____

（2）市场调研。在进行网络广告创意之前，应当进行充分的市场调研，包括有营销环境调查、消费者调查、产品调查、竞争对手调查、广告媒体调查、广告效果调查。只有调查充分，才能得到可靠的数据，才能决定适当的广告主题，进行广告创意。

小组讨论，写出每部分内容拟采用的调查方法和调查地点，填写表2-6。

表2-6 调查计划表

调查内容	调查方法	调查时间	调查地点	调查人
营销环境				
消费者				
产品				
竞争对手				
广告媒体				
广告效果				

1）营销环境调查。通过小组调查，得出营销环境的调查结果，填写表2-7。

表2-7 营销环境调查结果

调查内容	调查结果（可附电子文档）
政治法律环境	
经济环境	
人口环境	
科学技术环境	
社会文化环境	
自然地理环境	

2）消费者调查。消费者调查采用网上问卷调查和邮件的方式进行，可以将问卷放在多个问卷调查网上，小组讨论，设计问卷，填写表2-8。

表2-8　消费者调查问卷

题目（包括题目类型）	选项
1.	
2.	
3.	
4.	
5.	
6.	
7.	
8.	
9.	
10.	
11.	
12.	
投放问卷的网址：	

　　将调查问卷的结果回收后，对每道题目进行分析，并得出结论，对小组的促销活动的网络广告策划有什么样的帮助，填写表2-9。

表 2-9　调查问卷结果分析

题号	有效问卷份数	结果分析
1.		
2.		
3.		
4.		
5.		
6.		
7.		
8.		
9.		
10.		
11.		
12.		

3）产品调查。产品调查拟采用的方法是什么？

_____

_____

_____

将产品调查的结果填入表 2-10 中。

表 2-10　产品调查结果

调查内容	调查结果（可附电子文档）
产品基本特性	
产品生命周期	
产品品牌形象	
产品定位	

4）竞争对手调查。竞争对手调查拟采用的方法是什么？

_____

_____

_____

将竞争对手调查的结果填入表 2-11 中。

表 2-11　竞争对手调查结果

调查内容	调查结果（可附电子文档）
竞争对手的基本情况	
竞争对手地位调查	
竞争对手的服务	
竞争对手的广告形式	

5）广告媒体调查。媒体调查拟采用的方法是什么？

_____

_____

_____

将广告媒体调查的结果填入表 2-12 中。

表 2-12 广告媒体调查结果

调查内容	调查结果（可附电子文档）
媒体接触率	
相关栏目播放内容	
相关费用	
媒体覆盖范围	
消费对象	

6）广告效果调查。将广告效果调查的结果填入表 2-13 中。

表 2-13 广告效果调查结果

调查内容	调查结果
事前效果评估	

7）调研分析报告。经过分析、整理本组的调研信息，写出本组的调研分析报告，附电子文档。

学习拓展 2-1 网络广告分析

可上网查找一则促销效果好的网络广告，再找一则促销失败的网络广告，分析其成功和失败的原因各是什么？

促销成功的网络广告分析：＿＿＿＿＿＿＿＿＿＿＿＿＿＿＿＿＿＿＿＿＿＿＿＿＿＿＿＿＿＿＿＿＿

＿＿

促销失败的网络广告分析：＿＿＿＿＿＿＿＿＿＿＿＿＿＿＿＿＿＿＿＿＿＿＿

＿＿＿＿＿＿＿＿＿＿＿＿＿＿＿＿＿＿＿＿＿＿＿＿＿＿＿＿＿＿＿＿＿＿＿＿

＿＿＿＿＿＿＿＿＿＿＿＿＿＿＿＿＿＿＿＿＿＿＿＿＿＿＿＿＿＿＿＿＿＿＿＿

（3）填写日志，如表2-14所示。

表2-14　日志

第＿＿组　　　　　　　　　　　　　　　　　　　　　　　　　　　姓名：＿＿＿＿＿＿

序　号	日　期	学习内容	链接地址（或文件名）	备　注

注：此表为每人1份。

（4）小组展示。

制作幻灯片，每组派出一位同学，展示本组调研的成果，填写表2-15。

表2-15　任务阶段展示评价表

小　组	展示内容	对自己学习的贡献（0~5分）

小　　组	展示内容	对自己学习的贡献（0~5分）

2. 促销活动网络广告创意

有了翔实、准确的资料，就可以开始创意了。

（1）查找促销活动网络广告策划书。每人上网查找一份网络广告策划书，要求包含促销活动的创意，分析其促销采用的方法，并分析这份网络广告策划书的促销创意如何（可附电子文档，注明信息来源）。

找到的网络广告策划书的名称：_____

出处：_____

采用的促销方法：_____

_____

_____

分析促销创意：_____

_____

_____

（2）确定广告战略。网络广告战略应包含如下几项内容。

1）明确网络广告目标。

2）选定目标市场。

3）确定网络广告主题。

（3）确定广告目标。根据产品的生命周期，确定本次广告的广告目标。

1）明确广告目标。填写表2-16小组讨论记录。

表2-16 小组讨论记录

小组名称：   年 月 日

讨论主题：
主持人：   记录人
讨论内容：
结果：

2）分析案例。请分析如图2-7和图2-8所示案例的广告目标，并将分析结果填在图片下的横线上。

图2-7 案例1 必胜客促销网络广告

本广告目标为：_____

图 2-8　案例 2 1 号店在网易的促销网络广告

本广告目标为：_____

3）制定广告目标。在制定广告目标时，应尽可能地使目标具体化，结合以上的广告目标，根据本次任务的具体要求，分析本次网络广告策划的广告目标为：_____
_____

（4）确定目标市场。小组讨论，本组促销活动网络广告的目标市场：_____
_____

（5）网络广告受众策划。根据前面做的调研，分析出要做的促销网络广告受众的人口因素、生活方式、行为特点、文化因素等，其中重点是消费方式和消费行为的描述。除此之外，还要了解该类人群的媒介接触行为与习惯，要求内容细致。

人口因素（包括文化因素）：_____
_____

生活方式：_____
_____

行为特点：_____
_____

媒介接触行为和习惯：_____
_____

（6）确定广告战术。运用好的广告战术，可以迅速地吸引顾客，达到促销的目的。

1）学习广告战术的使用。欣赏下面的网络广告，分析其是采用的哪种广告战术，效果如何。

① 通过点击图 2-9 所示图片，立即进入图 2-10 所示的网页中。

此则广告采用的广告战术是：_____

图 2-9　广告图片

图 2-10　亲子产品网页

② 如图 2-11 所示为平安保险中的一种保险的旗帜广告。此广告采用的广告战术是：

图 2-11　平安保险广告

资料来源：http://insurance.pingan.com

③ 如图 2-12 所示为呷哺呷哺小火锅的旗帜广告。此广告采用的广告战术是：

图 2-12　呷哺呷哺旗帜广告

2）确定网络广告战术。根据本任务中商品的特点，以及消费者（网络广告受众）的特点，请小组讨论并最终确定本组将采用的网络广告战术，将讨论内容及最终结果填入表 2-17 中。

表 2-17　会议表

第___组：

讨论时间：	讨论地点：
会议内容：	会议结果：

（7）促销活动网络广告主题策划。小组成员讨论，分析促销信息，积极思考，每人提出一个促销主题，最后小组商议，共同确定促销主题。

我提出的促销主题：＿＿＿＿＿＿＿＿＿＿＿＿＿＿＿＿＿＿＿＿＿＿＿＿＿＿＿＿

＿＿＿＿＿＿＿＿＿＿＿＿＿＿＿＿＿＿＿＿＿＿＿＿＿＿＿＿＿＿＿＿＿＿＿＿＿＿

＿＿＿＿＿＿＿＿＿＿＿＿＿＿＿＿＿＿＿＿＿＿＿＿＿＿＿＿＿＿＿＿＿＿＿＿＿＿

小组最终确定的促销主题：＿＿＿＿＿＿＿＿＿＿＿＿＿＿＿＿＿＿＿＿＿＿＿＿

＿＿＿＿＿＿＿＿＿＿＿＿＿＿＿＿＿＿＿＿＿＿＿＿＿＿＿＿＿＿＿＿＿＿＿＿＿＿

＿＿＿＿＿＿＿＿＿＿＿＿＿＿＿＿＿＿＿＿＿＿＿＿＿＿＿＿＿＿＿＿＿＿＿＿＿＿

（8）网络广告创意。进行本组商品的网络广告创意，确定好本组的网络广告类型（如横幅式的、按钮式的、弹出式的、视频等）。根据所选网络广告类型，进行广告创意，并策划完整的促销活动广告内容，写出促销广告语。

1）促销网络广告创意分析与训练。你认为以下促销网络广告的创意如何？好在哪里？不好在哪里？它采用了哪种促销手段？是否能吸引已有消费者和潜在消费者？如果让你为这个产品做促销的网络广告，你会策划出怎样的创意？请将你的分析写在横线上。

① 化妆品促销，如图 2-13 所示。

图 2-13　化妆品促销网络广告

创意分析：_____

_____

我的创意：_____

_____

② 大众点评上的促销网络广告，如图 2-14 所示。

图 2-14　大众点评团购

创意分析：_____

_____

_____

我的创意：_____

_____

_____

③ 淘宝某店铺的苹果脆片促销网络广告，如图 2-15 所示。

图 2-15　苹果脆片促销网络广告

创意分析： _____

_____

_____

我的创意： _____

_____

_____

2）收集创意。请你通过网络收集自己欣赏的十个促销网络广告的创意（各种表现形式皆可，可附电子文档），分析并写出每个创意的特点。

_____

_____

_____

3）确定本组广告创意。本组将采用的网络广告类型为： _____

_____

_____

4）创意筛选。

① 每位成员将自己的创意写在表 2-18 中，小组讨论，评价各成员的创意，选出最好的一个创意，作为本组此次网络广告的创意，如意见不统一，可重新讨论，得出新的创意。

表 2-18 小组创意记录单

第___组   时间：   年 月 日

小组成员	广告创意	说明

本小组确定的最佳促销网络广告创意：_____

_____

_____

② 每小组派一名代表，向全班同学介绍自己小组选出的最佳促销创意。

③ 全班同学打分，选出三个最佳促销创意。

全班确定的三个最佳创意依次是：_____

_____

学习拓展 2-2 网络广告创意点评

案例 2-7

京东"全民国品日 315 促销活动"

投放位置：搜狐网首页。

日期：2017 年 3 月 9—15 日

广告主题：国品专场 品质共聚

创意：在搜狐首页投放富媒体广告（见图 2-16~图 2-18），通过点击图片，进入京东活动页面（见图 2-19），在国品日活动分为预热期（3 月 9—14 日）和高潮期（3 月 15 日）。

在活动页面中，参与活动的品牌都是 CCTV 国家品牌计划的成员，分为华为专场、蓝月亮专场、滋源专场、金龙鱼专场、伊利专场、海尔专场、格力专场、东阿阿胶专场、美的专场、洋河专场和京东家电专场，每个专场都有不同的促销活动。

图 2-16 京东富媒体广告 1

图 2-17 京东富媒体广告 2

图 2-18　京东富媒体广告 3

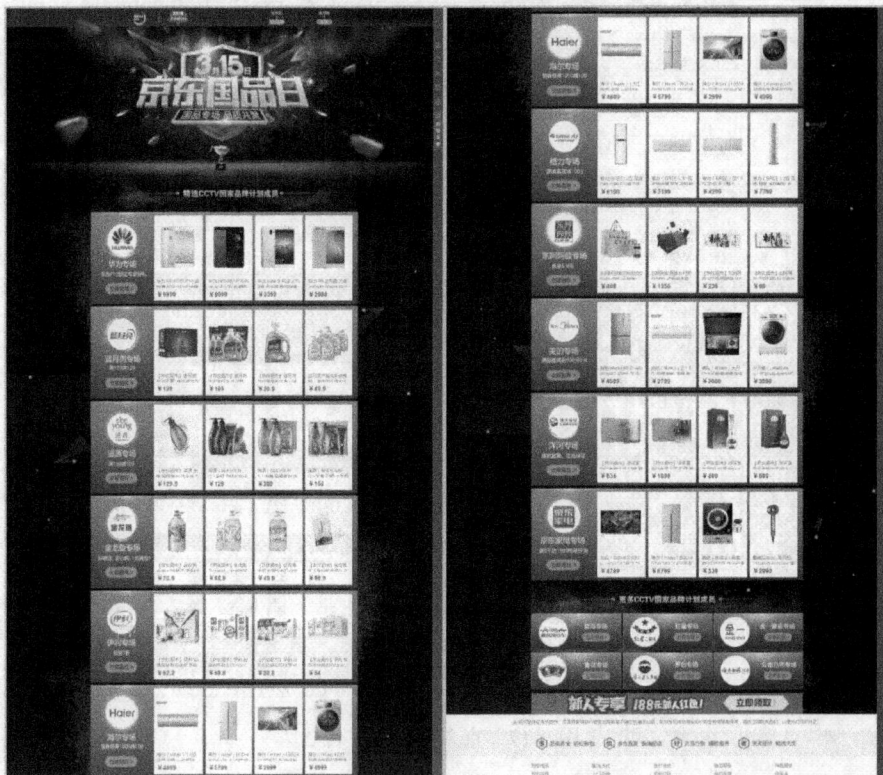

图 2-19　京东国品日活动页面

　　以"华为专场"为例，看看它的促销活动是如何策划的。单击华为专场下面的"立即前往"可以进入华为专场页面。第一屏展示的是华为新品手机的预订活动，点击"立即预约"可以进入商品详情页进行预订购买，如图 2-20 所示。

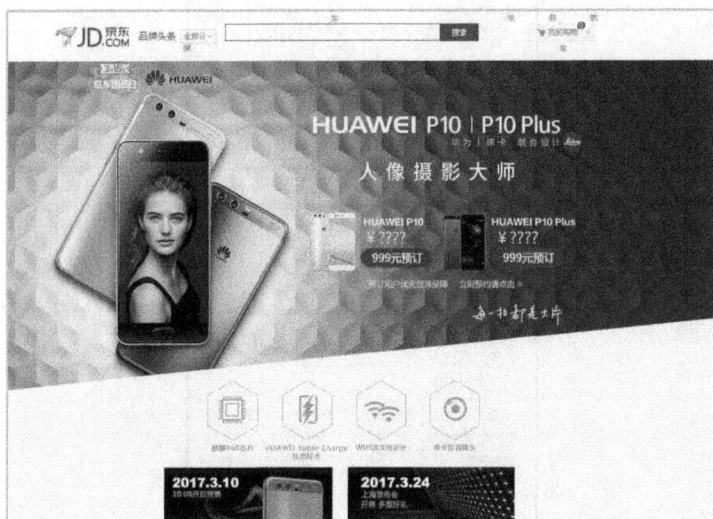

图 2-20　华为专场 1

第 2 屏展示的是关于华为 P10 的促销活动，包括"10 至明归"（获 2 000 京豆）、10 全 10 美（抽奖）、10 心 10 意（冲洗照片）、10 拿 10 稳（送 500M 流量）、运气 10 足（转盘抽奖），如图 2-21 所示。

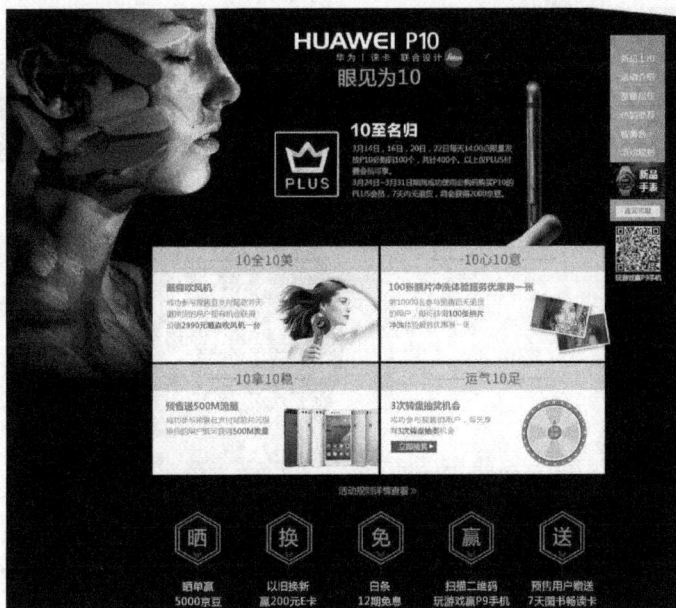

图 2-21　华为专场 2

下面还有活动规则的详细查看，点击进去可以看到活动细则，如图 2-22 所示。

图 2-22　华为专场 3

在活动页面的最下端，有获奖名单的实时滚动显示，如图 2-23 所示。

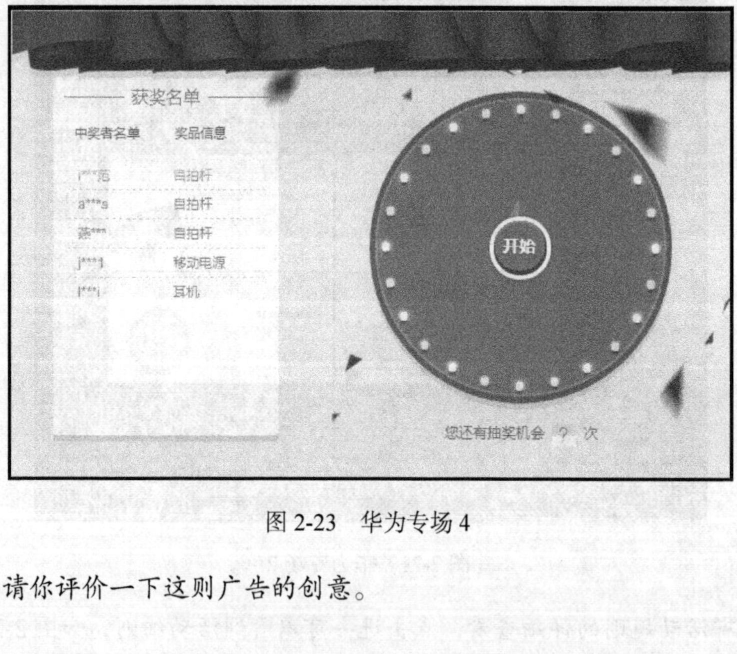

图 2-23　华为专场 4

问题：请你评价一下这则广告的创意。

案例 2-8

京东家电全民 315

投放位置：搜狐网首页、网易首页。

日期：2017 年 2 月 22 日—3 月 22 日

广告主题：品质低价放心购

京东在搜狐网首页和网易首页同时推出富媒体广告，通过点击广告，进入"京东家电全民 315"的活动页面。京东在搜狐投放的广告是底部富媒体，广告显示完成之后会缩小，如图 2-24 和图 2-25 所示。

图 2-24　搜狐投放富媒体广告 1

图 2-25　搜狐投放富媒体广告 2

京东在网易投放的广告类型较多，有网页顶部的通栏动态网幅广告，有网页两侧的动态对联广告，还有首页的富媒体广告，如图 2-26 和图 2-27 所示。

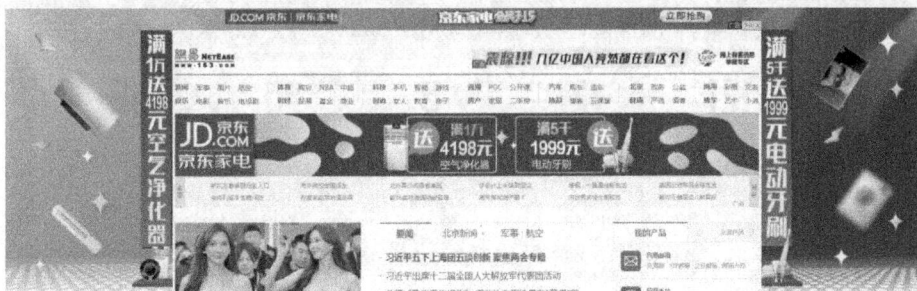

图 2-26　网易投放广告 1

图 2-27　网易投放广告 2

　　无论在搜狐投放的广告还是在网易投放的广告，点击都可以进入"京东家电全民315"活动页面，页面第一屏的位置展示的是整个活动的主题，如图 2-28 所示。紧接着是活动的优惠信息，如图 2-29 所示。

图 2-28　活动页面 1

图 2-29　活动页面 2

接下来是各类家电的爆品和分会场，如果 2-30 和图 2-31 所示。

图 2-30　爆品

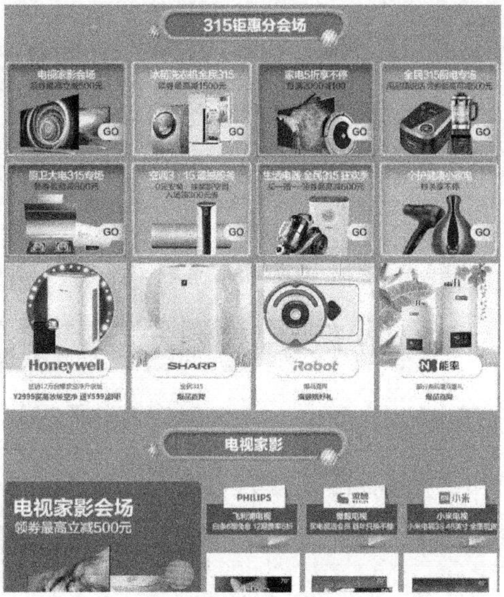

图 2-31　分会场

在活动页面的最下方，放置了活动规则的详细说明，如图 2-32 所示。

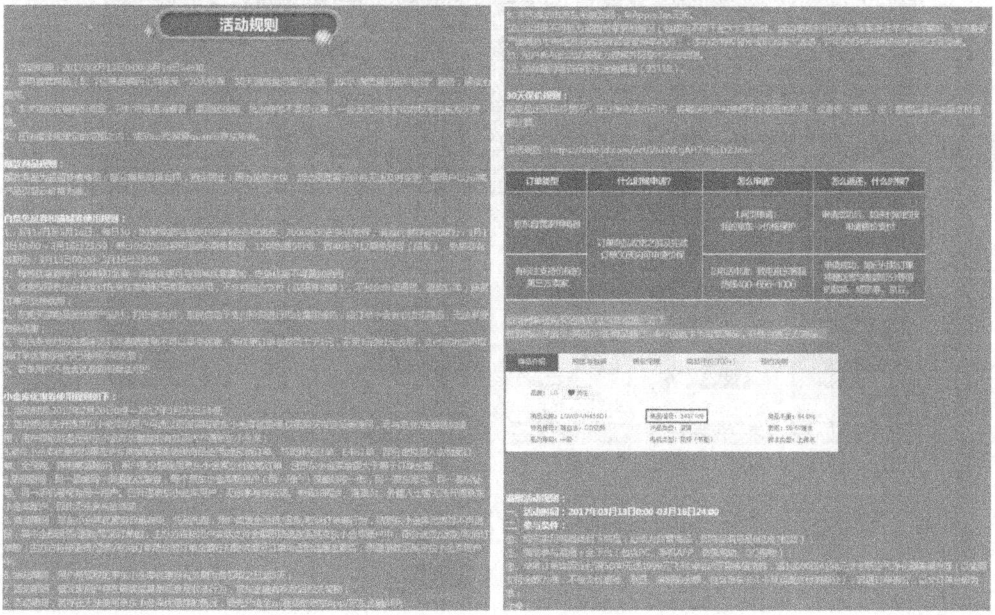

图 2-32　活动规则

请评价一下这则广告的创意。

案例 2-9

淘宝无名良品

广告策划：淘宝无名良品

广告来源：淘宝网无名良品频道+聚划算

广告日期：2011 年 4 月 25 日

（1）淘宝网首页顶部通栏广告引入流量，如图 2-33 所示。

图 2-33　通栏广告

（2）点击图 2-33 后，进入聚划算（淘宝团购）页面，第一频为活动的广告和活动详情链接，再下面为具体的产品链接，如图 2-34 所示。

图 2-34　产品链接

资料来源：http://lp.taobao.com/go/act/lp-new/juhuasuan.php=&ad_id=&am_id=&cm_id= 1400283423 bbb7b69025&pm_id=? TBG=40811.70784.1

通过图 2-34 中的链接，可以点击进入活动详情，如图 2-35 所示。

（3）点击进入活动详情页。

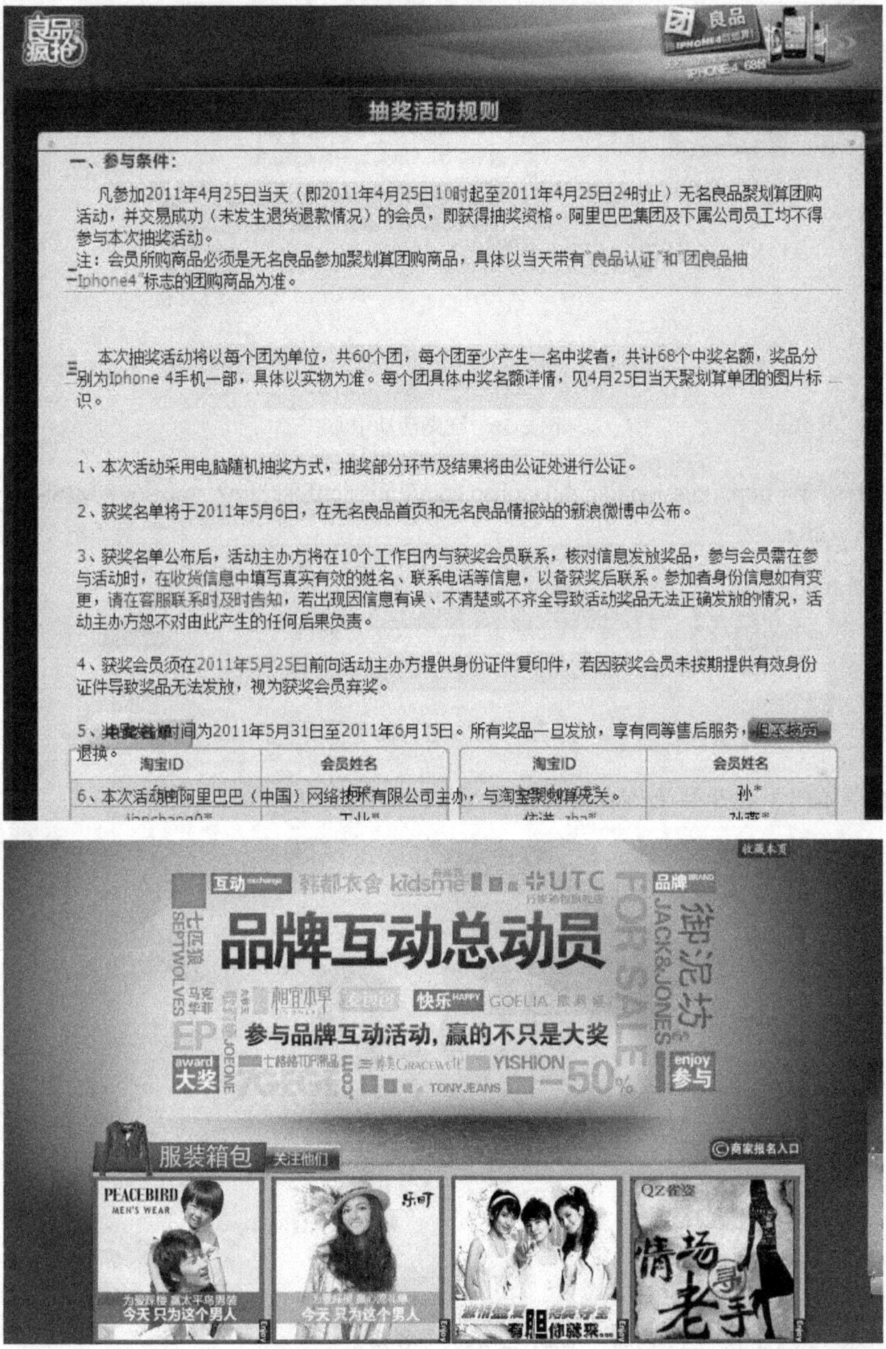

图 2-35　活动详情

资料来源：http://www.taobao.com/go/act/other/enjoybrand.php

时间：2011/5/6

入口：江湖活动中心（http://www.taobao.com/go/act/hdzx/index.php#），如图 2-36 所示。

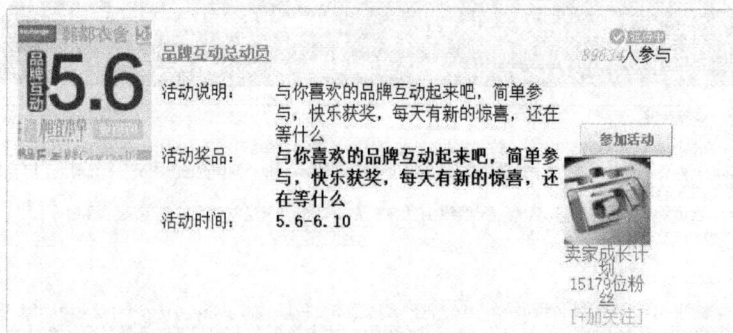

图 2-36　江湖活动中心

任务箱子（http://mission.jianghu.taobao.com/umissionList.htm？tracelog= MISSION004）如图 2-37 所示。

图 2-37　任务箱子

在帮派里，打开帖子，右侧有推荐入口，如图 2-38 所示。

图 2-38　推荐入口

问题：（1）请说出这则广告的主题、广告语。

（2）这则广告有几处流量入口？

（3）请评价一下这则策划。

学习拓展 2-3　促销网络广告设计

伊利乳业是 2008 年北京奥运会赞助商之一，请你以此为背景，为伊利牛奶设计一个促销的网络广告。

拟采用的网络广告类型：＿＿＿＿＿＿＿＿＿＿＿＿＿＿＿＿＿＿＿＿＿＿＿＿＿

拟采用的促销手段：＿＿＿＿＿＿＿＿＿＿＿＿＿＿＿＿＿＿＿＿＿＿＿＿＿＿＿

广告创意：＿＿＿＿＿＿＿＿＿＿＿＿＿＿＿＿＿＿＿＿＿＿＿＿＿＿＿＿＿＿＿

学习拓展 2-4　思考与辨析

（1）你认为直接打五折和买一送一同价位的产品有什么区别？会给消费者造成什么样的影响？哪种促销手段更好些？为什么？

＿＿＿＿＿＿＿＿＿＿＿＿＿＿＿＿＿＿＿＿＿＿＿＿＿＿＿＿＿＿＿＿＿＿＿＿＿

＿＿＿＿＿＿＿＿＿＿＿＿＿＿＿＿＿＿＿＿＿＿＿＿＿＿＿＿＿＿＿＿＿＿＿＿＿

＿＿＿＿＿＿＿＿＿＿＿＿＿＿＿＿＿＿＿＿＿＿＿＿＿＿＿＿＿＿＿＿＿＿＿＿＿

（2）现在有很多的团购网，据了解，参加团购的商家利润近乎为零，但仍然有很多商家都搞团购。商家这样做的理由是什么？

＿＿＿＿＿＿＿＿＿＿＿＿＿＿＿＿＿＿＿＿＿＿＿＿＿＿＿＿＿＿＿＿＿＿＿＿＿

＿＿＿＿＿＿＿＿＿＿＿＿＿＿＿＿＿＿＿＿＿＿＿＿＿＿＿＿＿＿＿＿＿＿＿＿＿

＿＿＿＿＿＿＿＿＿＿＿＿＿＿＿＿＿＿＿＿＿＿＿＿＿＿＿＿＿＿＿＿＿＿＿＿＿

（3）某快餐店刚刚开业，目标人群锁定为写字楼里的白领，该店推出了积分换菜品的活动：消费 1 元积 1 分，积分满 99 分，可换购 15 元套餐一份。你认为这种促销活动好不好？可以达到什么样的效果？

＿＿＿＿＿＿＿＿＿＿＿＿＿＿＿＿＿＿＿＿＿＿＿＿＿＿＿＿＿＿＿＿＿＿＿＿＿

＿＿＿＿＿＿＿＿＿＿＿＿＿＿＿＿＿＿＿＿＿＿＿＿＿＿＿＿＿＿＿＿＿＿＿＿＿

＿＿＿＿＿＿＿＿＿＿＿＿＿＿＿＿＿＿＿＿＿＿＿＿＿＿＿＿＿＿＿＿＿＿＿＿＿

3. 促销活动网络广告内容设计

（1）促销活动网络广告语。根据小组确定的本次网络广告的主题，写出广告语。

1）＿＿＿＿＿＿＿＿＿＿＿＿＿＿＿＿＿＿＿＿＿＿＿＿＿＿＿＿＿＿＿＿＿＿

2）＿＿＿＿＿＿＿＿＿＿＿＿＿＿＿＿＿＿＿＿＿＿＿＿＿＿＿＿＿＿＿＿＿＿

小组讨论后确定的广告语：＿＿＿＿＿＿＿＿＿＿＿＿＿＿＿＿＿＿＿＿＿＿＿

＿＿＿＿＿＿＿＿＿＿＿＿＿＿＿＿＿＿＿＿＿＿＿＿＿＿＿＿＿＿＿＿＿＿＿＿＿

（2）促销活动形式。

1）确定本组采用几种网络广告类型，分别是哪些种类：_____
_____

2）确定本组采用的促销活动手段，可以是一种，也可以是几种：_____
_____

3）确定网络广告创意，围绕网络广告主题，根据不同的网络广告类型和对应的促销活动，进行网络广告创意，确定网络广告内容，填入表2-19。

表2-19　广告内容表

广告类型	促销手段	广告内容
1.		
2.		
3.		

（3）网络广告时间策划。

1）确定网络广告时限。根据网络广告的特点，以及本组商品的具体特点，确定本次网络广告的广告时限：_____

2）确定网络广告时点。根据网络广告受众的特点及上网习惯，确定本次网络广告的广告时点：_____

3）确定网络广告时长。根据所采用的网络广告类型，写出每种类型的网络广告的时长：
_____

（4）展示本组广告内容。向全班同学展示本组的网络广告内容，并评出最佳内容。
_____
_____

（5）填写日志，如表2-20所示。

表 2-20 日志

第___组　　　　　　　　　　　　　　　　　　　　　　　　姓名：_____

序号	日期	学习内容	链接地址（或文件名）	备注

注：此表为每人 1 份。

4. 网络广告发布与效果评估

（1）广告媒介的选择。根据本组广告产品的特点，受众人群的特点和行为习惯，以及本组广告即将采用的类型，以及对网络媒体的调查，确定本组投放网络广告的网站。

1）媒体选择标准，即针对本组即将投放网络广告的媒体，打算依据什么样的指标对网站进行评估。小组讨论，并写出选择标准。

_____

_____

2）媒体选择范围，即本组打算在什么样的范围（什么类型的网站）内确定最终的网站。

_____

_____

3）网络媒体投放的区域。

_____

_____

_____

4）最终投放网站。根据以上的三个标准，根据不同网络广告类型，确定每种网络广告类型所要投放的网站。

_____

_____

_____

（2）确定网络广告预算。根据本组选择的各个媒体，按位置、时段和广告形式的综合计费，计算出最终的广告预算，填写表 2-21。

表 2-21　广告预算表

选择的网站	网站中的位置	广告时段	网络广告形式	费用
合计费用				

（3）网络广告效果评估。对本组网络广告进行事前效果评估，根据 CPM、CPC、CPA 这三个指标进行测评，填写表 2-22。

表 2-22　效果评估表

选择的网站	CPM	CPC	CPA	效果分析

（4）填写日志——资料收集记录表，如表 2-23 所示。

表 2-23　日志——资料收集记录表

第___组　　　　　　　　　　　　　　　　　　　　　姓名：_____

序号	日期	学习内容	链接地址（或文件名）	备注

注：此表为每人 1 份。

撰写促销活动总结报告。

_____

_____

_____

5. 撰写网络广告策划书

根据网络广告策划书的格式，撰写本次促销活动的网络广告策划书，上交形式为电子版和打印版各一份，由小组完成。

格式要求如下：

（1）目录要求到四级，用菜单制作目录。

（2）一级标题：黑体小三号加粗，居中。

（3）二级标题：黑体四号加粗，居中。

（4）三级标题：宋体四号加粗，左对齐。

（5）四级标题：宋体小四号加粗，首行缩进两字符。

（6）正文部分首行缩进两字符，单倍行距。

（7）对于文中引用的图表都要有图号和表号，如 "图 1-1 图名"，"表 1-1　表名"；图号和表号用宋体 5 号。

（8）字数 1 万字左右。

6. 成果展示

向全班同学展示本组网络广告策划书。

7. 小组考核

根据展示情况，对其他小组展示情况进行评价，填写表2-24。

表2-24 促销活动网络广告策划成果展示评价

小组：   年   月   日

考核项目	考核要求	分 值	得 分
演讲组织 （15分）	有主持人	3	
	所有成员参与了汇报展示	5	
	在汇报展示时，分工合理	5	
	时间控制好，在规定时间内完成	2	
内容选取 （15分）	展示内容正确	5	
	内容选取与比例分配适当	5	
	内容适合听众	5	
内容结构 （20分）	标题新颖，能够吸引听众	4	
	有目录，使听众对内容有一个基本的了解	4	
	导入时能够激发听众的兴趣	4	
	主要内容演讲清晰，能够引导听众思路	4	
	进行了有意义的总结，能够激发大家进行思考	4	
语言仪态 （30分）	汇报者与听众有目光交流	5	
	仪态举止端庄大方，姿势、手势得体	5	
	用词准确，句法完整，汇报流畅	5	
	语言表达和肢体语言展示的内容让听众容易理解	5	
	用词幽默，吸引听众	5	
	能够对听众提出的问题进行准确的回答	5	
媒体运用 （10分）	汇报者能够熟练地应用媒体	5	
	运用的媒体有助于汇报效果的提升	5	
资料运用 （10分）	说明了如何搜集资料，并进行资料的应用	5	
	说明了参考资料来源	5	
展示汇报小计（70%）			

考核项目	考核要求	分 值	得 分
问题1：		10	
问题2：		10	
问题3：		10	
问题回答小计（30%）			
合计			

四、检查

自我检查： 检查自己所担负工作任务的完成情况是否符合目标和标准，填写表2-25。

表2-25 自我检查表

是否完成组长分配的任务	
若完成，是否符合任务要求	
完成质量如何，是否符合标准	
若没有，写明原因	

小组检查：组长检查每个成员的任务完成情况，填写表2-26。

表2-26 小组检查表

成员姓名		是否完成
分配的任务		
该成员在本次任务中工作所占的比例		

教师检查： 教师对学生工作情况及结果进行检查。

五、评价

以小组为单位，分析本小组在促销活动网络广告策划工作过程中做得好的地方，存在的问题与不足，并提出改进方法。

做得好的地方：_____

_____

_____

存在的问题与不足：_____

_____

_____

解决措施或改进方法：_____

_____

_____

1. 自我评价与组内、组间评价

自己设计评价表，对自己的完成情况进行评价。

小组讨论，制定评价表，对小组成员完成情况进行组内互评。

组间互评（成果展示评价）如表2-24所示。

2. 教师评价（见表2-27）

表2-27 促销活动网络广告策划教师评价（任务完成情况）

小组：　　　　姓名：　　　　　　　　　　　　　　　　年　月　日

任务内容	考核项目	序号	考核要求	分值	得分
促销活动网络广告策划	专业能力（40分）	1	对工作任务及内容的正确认识与把握	4	
		2	对完成任务所需各种资料和信息的认知与掌握情况	4	
		3	制定了计划方案	2	
		4	在完成任务前，能够对工作现状进行全面的分析	4	
		5	能够进行环境分析，制定广告策略、广告计划，并对实施情况进行评估，并撰写网络广告策划书	8	

续表

任务内容	考核项目	序号	考核要求	分值	得分
促销活动网络广告策划	专业能力（40分）	6	独立完成情况	4	
		7	在规定的时间内完成	2	
		8	完成的任务符合要求，质量好	4	
		9	自我检查评价方法合理	2	
		10	能够对自己进行反思，如实描述自己的优点、不足之处，改进方法	4	
		11	网络广告策划书格式排版正确，语言专业流畅，思路清晰完整	2	
	行为规范（8分）	12	按时出勤，按时上下课，保持教室整洁	2	
		13	着装规范得体，注重工作礼仪、礼貌用语	2	
		14	遵守规章制度，按工作要求和工作规范完成工作	2	
		15	学习态度积极，诚信，服从分配，积极承担工作任务，完成效率高，具有良好的职业道德	2	
	自我管理（10分）	16	明确自己的工作内容，有责任感	3	
		17	能够按照计划完成自己的工作	2	
		18	对自己个人发展和职业发展有明确的定位和目标	2	
		19	能够将学到的知识技能运用到实际工作中	3	
	团队合作（8分）	20	能够尊重小组成员，认真听取每个人的意见、建议和观点	2	
		21	能够和小组成员进行有效地合作	3	
		22	能够进行有效的工作，为小组和整个组织做出贡献	3	
	沟通表达（8分）	23	搜集信息，通过整理信息进行消化吸收，并得到有效的运用	2	
		24	能够将成果进行展现，展示技巧合理，效果好	2	
		25	具有口头表达和口头交流的能力	2	
		26	语言专业流畅，思路清晰完整，书面表达能力强	2	
	问题处理（6分）	27	能够发现和辨别突发事件和异常情况	3	
		28	遇到问题时能够及时解决	3	

任务内容	考核项目	序号	考核要求	分值	得分
促销活动网络广告策划	专业运用能力（5分）	29	能够运用专业知识和技术解决实际问题	5	
	资料整理（5分）	30	明确知道有哪些工作资料需要整理	2	
		31	能够将资料进行分类	1	
		32	工作过程资料齐备、完整，整理有序，有目录、会议记录、工作计划、评价等	2	
	创新扩展（10分）	33	能够形成可扩展、可迁移、可持续的专业能力	5	
		34	能够运用专业知识和专业技术提出新观点、新思想	5	
	加分项	35	能够按时，按质完成任务，并能为其他成员提供帮助	5	
		36	为完成任务提出合理化建议	10	
	减分项	37	缺勤、迟到、早退、半途擅自离岗等行为	−5～−30	
		38	玩游戏、故意损坏公物、不服从工作安排、顶撞领导、打架骂人、上网做与工作无关的事情、工作时间聊天等违纪行为	−5～−30	
		39	没有按照计划要求交付工作成果	−5～−30	
		40	完成的工作没有达到要求，没有明显的效果	−5～−30	
小计				100	

3. 考核评价汇总

评价权重：自我评价（20%）+组内评价（20%）+组间评价（20%）+教师评价（40%）。

4. 撰写工作总结

根据同学和老师的评价结果、提出的建议，修改策划书，并写出完成本任务的工作总结，小组成员每人一份。修改好的小组策划书和个人工作总结可以以电子版上交。

5. 资料整理上交

　　任务完成后，将所有过程资料或文件按类别整理好。请小组讨论确定整理方法和资料整理表。

_____

_____

_____

第三部分

学 习 资 料

一、调查问卷

调查问卷又称调查表或询问表，是以问题的形式系统地记载调查内容的一种印件。问卷可以是表格式、卡片式或簿记式。设计问卷，是询问调查的关键。完美的问卷必须具备两个功能，即能将问题传达给被问的人和使被问者乐于回答。要完成这两个功能，问卷设计时应当遵循一定的原则和程序，运用一定的技巧。

调查问卷设计过程中首先要把握调查的目的与要求，同时力求使问卷取得被调查者的充分合作，保证提供准确有效的信息。

1. 设计问卷的步骤

（1）根据调查目的确定所需的信息资料，在此基础上进行问题的设计与选择。

（2）确定问题的顺序，一般简单、容易回答的问题放在前面。问题排序要有关联，合乎逻辑，便于填卷人合作并产生兴趣。

（3）问卷的测试与修改。

2. 撰写一份优秀问卷的要点

（1）避免应答者可能不明白的词语缩写、俗语、生僻的用语。

（2）要具体，含糊的问题只会得到含糊的回答。

（3）不要提问过头。

（4）确保问题易于回答。

（5）不要过多假设。

（6）注意双重问题和相反观点的问题。

（7）检查误差、故意作假、诱导。

（8）预先测试。

3. 问卷设计程序

（1）确定调研目的、来源、局限。

（2）确定数据收集方法。

（3）确定问题回答形式（开放式、封闭式、量表应答式问题）。

（4）决定问题的措辞，用词清楚，避免诱导性用语，考虑应答者回答问题的能力、意愿。

（5）确定问卷的流程编排。

（6）评价问卷和编排。评价方法有：①问题是否必要；②问卷是否太长；③问卷是否回答了调研目标所获信息；④邮寄及自填问卷的外观设计；⑤开放试题是否留足空间；⑥问卷说明是否用了明显字体。

（7）获得相关方面的认可。

（8）预先测试、修订。

（9）准备最后的问卷。

（10）实施。

4. 设计问卷的注意事项

（1）所有题目与研究目的相符合，题目都是所要调查的项目。

（2）问卷能够显示出一个重要的主题，使填答者认为重要，愿意长时间去填答。

（3）问卷仅用于收集其他方法无法收集的资料。

（4）问卷尽可能简短，其长度只要获得重要资料即可，填答时间应控制在 30 分钟之内。

（5）问卷的题目要依照心理次序排列，由一般性问题到特殊性问题。

（6）问卷题目设计要符合编题原则，以免获得不正确答案。

（7）问卷收集的资料要利于列表和解释。

（8）问卷指导语和填答标示清楚，使填答者不会有错误的反应。

二、网络广告策划

网络广告策划是网络技术、网页设计、程序设计与应用、广告学、市场营销、美术设计、消费心理等课程的结合。

三、确定网络广告的类型

（1）采用旗帜广告。一个有吸引力的旗帜广告要能在几秒甚至零点几秒之内抓住观众的注意力，还对商家是很重要的。

（2）选择合适的网站发布广告。

（3）在广告图片中加上"点击这里"、"click"等链接文字。否则访问者不会以为是可以链接的图片。

（4）在广告中向受众提供利益。要使广告获得更多的点击量，就应该在广告中提供使观众感兴趣的利益。

（5）经常更换广告的图片。当图片放置一段时间后，就会变得没有吸引力，此时需要更换图片，以保证点击率。

（6）网站首页是广告的最好位置。

四、广告战略

广告战略指的是广告发布者在宏观上对广告决策的把握，它以战略眼光为企业长远利益考虑，为产品开拓市场着想，也就是所谓"放长线钓大鱼"。研究广告战略的目的是提高广告宣传效果，使企业以最低的开支（费用）达到最好的营销目标。

五、广告战术的使用

（1）坦诚布公式：陈述产品的性能及特点，客观公正，可使用名人效应。

（2）说服感化式：制造悬念。

（3）货比三家式。

（4）诱客深入式：利用问卷、提示、游戏等。

（5）契约保险式：售后服务保证等。

六、广告目标

广告目标是指通过本次广告要达到什么样的目的。从宏观上看，广告目标有三种类型：创牌、保牌、竞争；从微观上看，常用的广告目标有下列 13 种：

（1）加强新品宣传，使新产品能迅速进入目标市场。

（2）扩大或维持产品目前的市场占有率。

（3）加强企业或产品的知名度，以配合人员推销活动。

（4）介绍新产品的新用途或旧产品的新用途。

（5）对推销员一时难以接近的顾客，起预备性接触作用。

（6）加强广告商品的厂牌、商标的印象。

（7）在销售现场起提示性作用，促进消费者直接购买行为。

（8）增加消费者对企业的好感，建树企业形象。

（9）帮助消费者确认其购买决策是正确的和有利的。

（10）纠正对企业或产品的错误印象和不确切的传闻，以排除障碍。

（11）延长产品的使用季节或提高对产品变化使用和一物多用的认识。

（12）劝诱潜在消费者到销售现场，提高其对广告产品的认识，增强购买信心。

（13）扩大影响，加强声势，鼓舞企业推销人员和其他人员的士气。

七、投放网络广告的站点选择标准

（1）发布广告的站点选择应当符合媒介的目标和策略，假若要在网上做告知性广告，就应该选择流量大的站点，并最好组合多个站点。

（2）站点的选择应当同广告的目标受众有较好的重合性，如果针对的是某个区域内的目标受众，则那些流量主要来自该区域以外的站点就不适合选择。

（3）也应注意站点的流量是否可以满足设定的数量。

八、广告时间策划

1. 广告时限

广告时限也称广告时长，就是广告活动从什么时间开始到什么时间结束。门户网站大都以天为计。

2. 广告时点

广告时点即指在一天中，广告在时间上应该做什么样的安排。虽然网络24小时在线，但网民上网时间高峰是相对集中的。根据产品针对人群，选择目标人群集中上网的时段。

3. 广告频率

广告频率是指多长时间播放一次广告。

九、广告主题策划

所谓广告主题，是指广告作品的中心思想，是广告主通过广告试图向受众说明的基本问题。广告主题像一根红线贯穿于广告之中，使组成广告的各要素有机地组合成一则完整的广告作品。在确定广告主题时，一般要符合以下要求：鲜明、突出、新颖、独特、寓意深刻。

十、促销

1. 促销的概念

促销有两方面的含义：一方面是帮助商家出售商品，扩大销量；另一方面是帮助消费者满足需求。从本质上说，促销活动是销售者为了诱导消费者购买其产品或服务而进行的说服沟通的活动。店铺促销时运用适合目标顾客的销售手段或运营刺激消费的手段，向消费者售卖自己的产品，促销的根本意义在于提升销售。

促销活动网络广告策划是企业为了刺激消费者的购买动机，策划各种活动，促销企业产品，从而达到宣传企业和产品，提高销售额，扩大市场占有率的目的。

促销的目的一般有以下三个。

（1）新品上市，吸引顾客。

（2）抑制竞争对手，保护市场。

（3）争夺顾客，拓展市场。

2. 促销策略

促销策略是市场营销组合的基本策略之一。促销策略是指企业如何通过人员推销、广告、公共关系和营业推广等各种促销方式，向消费者或用户传递产品信息，引起他们的注意和兴趣，激发他们的购买欲望和购买行为，以达到扩大销售的目的。

促销一般通过两种方式：一种是人员推销，即推销员和顾客面对面地进行推销；另一种是非人员推销，即通过大众传媒在同一时间向大量顾客传递信息。

3. 促销策略的分类

（1）推式策略，即推销人员运用各种推销手段，直接将产品推向销售渠道，再由经销商等最终推荐给消费者。

（2）拉式策略，即通过广告宣传等方式吸引消费者，使消费者主动购买商品。

4. 促销活动

（1）促销活动就是为了促进某种商品或服务的销售而进行的降价或赠送礼品等的行为活动，能在短期内达到促进销售、提升业绩、增加收益的目的。

（2）促销活动的种类。

1）竞赛。

2）游戏。

3）即刮即赢。

4）抽奖。

5）包装内附赠品。

6）包装外附赠品。

7）邮寄赠品。

8）自购式赠品。

9）打折促销。

10）满额赠送。

11）免费试用。

12）可重复利用包装物。

13）购物退款。

14）组合购物退款。

15）联合促销。

16）直邮样品。

17）逐户派样。

18）包装上附样。

19）附赠包装。

20）折价贴纸。

21）捆绑折价包装。

22）会员使用。

23）买一送一。

24）持续购买奖励计划。

25）以旧换新。

26）廉价包装。

27）抽奖。

28）包退包换。

29）义卖。

项目三

SNS 网络广告策划

学习目标

（1）能够正确理解网络广告策划任务要求，明确任务要达到的目标、需要时间、审核标准等内容；

（2）能够理解 SNS 和网络整合营销的含义、特点和营销方法；

（3）能够根据任务确定调查对象和范围，选择合适的收集渠道和收集方式，及时、准确地获取信息，对收集的信息进行分析，撰写市场分析报告；

（4）能够根据任务要求，制定网络广告策划工作计划，计划中应包括人员分工、进度安排、应急措施等，计划要周密，符合实际；

（5）能够将社会热点和卖点进行很好的结合，撰写网络广告策划文案；

（6）能够根据市场调查报告，结合产品特性、企业整体发展计划、消费者及市场状况，进行创意构思，提出独特、有效、有创意的 SNS 网络广告策划方案；

（7）能够进行网络广告预算；

（8）能够选择恰当的媒体发布网络广告，准确实施策划好的方案，并能在实施的过程中，根据实际情况随时进行调整；

（9）能够选择适当的效果评价方法，评价网络广告策划效果；

（10）能够将收集的信息进行很好的处理运用；

（11）能够撰写具有可行性、创新性、格式规范、内容完备的网络广告策划书；

（12）能够展示并说明自己或小组的策划方案，重点突出，条理清楚，语言流畅，仪态大方，媒体运用恰当；

（13）能够将资料和成果进行分类整理；

（14）能够进行自我管理，发现问题，解决问题，具有团队合作能力、沟通能力、表达能力和创新能力，有责任感和服务意识，关心他人和社会。

项目任务书

SNS 网络广告策划任务

北京铭人恒基科技有限公司在 1999 年 7 月 15 日注册拥有自己的小狗商标，同年进驻蓝岛、西单、燕莎等金字招牌的传统百货商场；2000 年作为第一家吸尘器行业品牌进入国美系统、大中系统；2001 年进入苏宁系统；2003 年因看好车载吸尘器市场，在全国投入了 2 000 多万元的广告，当时全国各地的交通台基本上都有小狗车载吸尘器的广播广告；2004 年进入永乐电器系统和五星电器系统；2007 年因不堪忍受传统市场的无序盘剥模式，同时看好网购未来的前景，于 2007 年 6 月 11 日在淘宝尝试开店，销售线下 1 100 多台小狗吸尘器样机及 6 000 多台库存产品，始料未及的是销售火爆；2008 年 12 月库存清空，深思后决定正式投身淘宝事业，开始设计新产品，搭建团队；2009 年 8 月开始授权分销商，共同来做小狗吸尘器，8 月加入"淘一站"；2009 年 9 月 30 日进驻淘宝商城；2009 年 11 月加入"分销平台"；2009 年 12 月加入"电器城"；2010 年 1 月加入"嗨淘"；2010 年 3 月自建 1 个苏州总仓，3 个分仓（北京、杭州、顺德）的快速发货平台；2010 年 6 月底前，在全国已有 102 个分销商加入小狗吸尘器有序分销，6 月加入"淘宝代购"；2010 年 8 月 6 日成为淘宝电器行业第四个"淘品牌"；2010 年 9 月 3 日当日创造销售 2 356 台的吸尘器行业奇迹，团购 600 台整，重量 20.22 吨吸尘器，金额 45 万余元；2011 年 1 月 6 日，在水立方获得淘宝官方授予的淘宝网 5 个最具成长性的"淘品牌"之一；2011 年 1 月京东商城小狗吸尘器销售 147 万台，成为吸尘器类目第一，2011 年 3 月 17 日入驻淘宝物流宝上海仓、中山仓，全面对接物流宝全国各仓。

小狗的品牌理念：忠实、专业、新设计。小狗电器除了淘宝平台外，同期销售活跃的平台还有京东商城、当当网、拍拍网、公司独立商城。

目前，SNS 网站越来越受到广告主的青睐，小狗电器希望通过 SNS 网站准确向目标顾客传达品牌理念和内涵。

现在，公司想通过 SNS 网站进行品牌宣传，扩大品牌知名度，让更多的人知道小狗电器，达到扩大市场占有率的目的。假如你是该公司运营部成员，请你为该公司选择 SNS 网站，并在这些网站上建立公司主页，策划各类广告活动，为公司积累粉丝，与粉丝互动，寻找目标顾客，传达品牌理念。根据广告发布需要选择广告发布网站和发布位置，广告发布网站有：淘宝、京东、当当、门户网站、微博、江湖、叽歪等；广告发布位置有：网站首页、频道页面、钻石展位、活动页面等。

一、任务内容结构

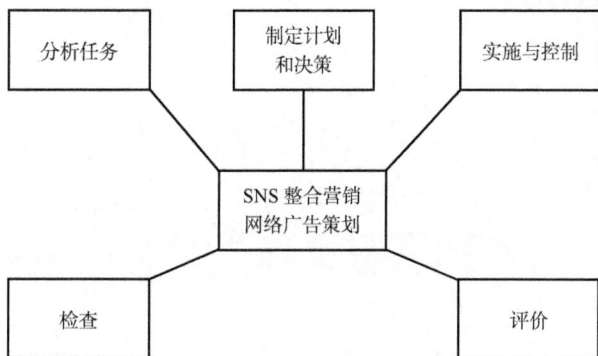

二、具体的任务

（1）学前准备：学习 SNS 的概念和原理，了解有哪些网站是 SNS 网站。

（2）分析任务：分析任务，确定具体的任务内容有哪些，要对岗位要求、企业发展、公司产品、小家电行业等进行了解。

（3）制定计划：通过分析任务后，制定计划，并决定开始实施。

（4）实施与控制：在进行具体的策划之前，进行市场调研，收集信息；学习优秀的 SNS 广告创意成果，了解 SNS 作为新媒体的特点和广告形式；根据网络广告策划的内容，确定主题，进行创意，撰写文案，选择发布网络广告的时间和媒体，确定网络广告预算，对效果进行评估，并撰写 SNS 网络广告策划书。在这个过程中，根据实际情况，对任务的完成情况进行跟踪、控制和调整。

（5）检查：对完成情况、是否按期完成、是否符合预期目标等进行自我检查、小组检查和教师检查。

（6）评价：对完成任务的过程和成果进行考核评价，并将过程资料和任务成果整理上交。

三、任务成果

这里的过程资料应该有很多，这里只初步列出任务成果，预计有：

（1）工作计划。

（2）调查问卷。

（3）调研报告。

（4）策划文案。

（5）网络广告策划书。

（6）工作总结。

第一部分

上 岗 准 备

在正式开始任务之前，我们先来学习一些基本的概念，有如 SNS 营销、口碑营销、互动营销、病毒式营销和精准营销。

一、SNS 营销

什么是 SNS？什么 SNS 营销？

_____

_____

_____

_____

_____

SNS 网站的类型有哪些？

_____

_____

_____

_____

_____

_____

互联网与电子商务、生活服务的结合，也与社会生活的联系越来越紧密。

通过对 SNS 含义的学习，请说出你喜欢的 SNS 网站有哪些？至少列举两个网站。为什么喜欢？有什么功能？它们都属于什么类型的网站？在这个网站上，你接收到印象深刻的营销信息（或广告）了吗？请你谈谈这些广告的优与劣。

_____

_____

_____

_____

_____

_____

根据上面随机列出的网站，请小组成员进行分工，每人负责一种类型，你负责的网站是：_____

_____

_____

查询这种类型的 SNS 网站在国内和国外都有哪些代表性的网站？填写表 3-1（现在，SNS 网站的功能在逐步增加和完善，所以这里的类型指的是该网站的主要功能。）

表 3-1　SNS 网站信息个人收集表

SNS 网站类型	代表网站（国内）	代表网站（国外）	是否适合营销	理由说明

将小组成员收集的网站进行汇总，填入表 3-2。

表 3-2　SNS 网站信息小组收集表

SNS 网站类型	代表网站（国内）	代表网站（国外）	是否适合营销	理由说明

　　从众多的网站中，选择在现有条件下适合做营销的网站（如新浪、淘宝、开心、优酷等，这里只是举例，请大家根据产品的特性，选择适合做营销的网站），对这些网站进行深入学习。

　　你准备深入学习的网站：＿＿＿＿＿＿＿＿＿＿＿＿＿＿＿＿＿＿＿

　　你准备如何进行学习：＿＿＿＿＿＿＿＿＿＿＿＿＿＿＿＿＿＿＿＿

　　通过学习，你认为该网站有哪些营销工具或哪些功能适合做营销：＿＿＿＿＿＿＿＿
＿＿＿＿＿＿＿＿＿＿＿＿＿＿＿＿＿＿＿＿＿＿＿＿＿＿＿＿＿＿＿＿＿＿＿＿
＿＿＿＿＿＿＿＿＿＿＿＿＿＿＿＿＿＿＿＿＿＿＿＿＿＿＿＿＿＿＿＿＿＿＿＿

　　在这些网站上查询广告案例，至少两个，对它们进行研究学习，并说明你的学习心得。
＿＿＿＿＿＿＿＿＿＿＿＿＿＿＿＿＿＿＿＿＿＿＿＿＿＿＿＿＿＿＿＿＿＿＿＿
＿＿＿＿＿＿＿＿＿＿＿＿＿＿＿＿＿＿＿＿＿＿＿＿＿＿＿＿＿＿＿＿＿＿＿＿
＿＿＿＿＿＿＿＿＿＿＿＿＿＿＿＿＿＿＿＿＿＿＿＿＿＿＿＿＿＿＿＿＿＿＿＿

　　自学完成后，小组成员召开会议，将各自的学习成果进行汇报，其他成员汇报时，你要做记录。
＿＿＿＿＿＿＿＿＿＿＿＿＿＿＿＿＿＿＿＿＿＿＿＿＿＿＿＿＿＿＿＿＿＿＿＿
＿＿＿＿＿＿＿＿＿＿＿＿＿＿＿＿＿＿＿＿＿＿＿＿＿＿＿＿＿＿＿＿＿＿＿＿
＿＿＿＿＿＿＿＿＿＿＿＿＿＿＿＿＿＿＿＿＿＿＿＿＿＿＿＿＿＿＿＿＿＿＿＿

与自己研究的网站相比，其他成员研究的网站在功能上有哪些相同点和不同点？

_____

_____

_____

在分享得众多案例中，你学习到了什么？

_____

_____

_____

二、其他营销

　　SNS 营销实际上是将网络整合营销、口碑营销、互动营销、病毒性营销、精准营销等营销方法进行了很好地应用，也是 SNS 营销的基本思想和理论基础，通过 SNS 网站，企业与客户的双向交流更加紧密，使得企业能够更好地了解用户的需求，传播品牌理念和企业文化。下面先来了解一些基本知识。

　　什么是网络整合营销？

_____

_____

_____

　　网络整合营销的原则有哪些？

_____

_____

　　网络整合营销中会用到哪些媒体资源？

_____

_____

_____

　　什么是口碑营销？

_____

_____

什么是互动营销？

_____

_____

_____

什么是病毒性营销？

_____

_____

_____

什么是精准营销？

_____

_____

_____

关于品牌，我们可以思考以下问题。

什么是产品？

_____

_____

_____

什么是商标？

_____

_____

_____

什么是名牌？

_____

_____

_____

什么是品牌？

_____

_____

_____

什么是自主品牌？

_____

_____

_____

什么是淘品牌？

_____

_____

_____

名牌=品牌吗？

_____

_____

_____

品牌=牌子吗？

_____

_____

_____

品牌就是商标吗？

_____

_____

_____

品牌必须具备哪些基本要素？

_____

_____

_____

你认为一个企业如何进行品牌营销？

_____

_____

_____

第二部分

SNS 网络广告策划任务实施

经过前面两个任务的热身，我们已经掌握了一些创意策划方法，让我们继续挑战新的任务，正式开始 SNS 网络广告策划。

一、分析任务

1. 分析任务要求，确定任务内容

主要任务是完成小狗牌吸尘器在 SNS 网站的网络广告策划方案，根据该公司的工作流程，完成本任务需要有调研、创意、策划案、发布渠道和效果控制，所以，涉及的岗位有市场调研、营销创意、营销策划、市场推广和市场商务等。

我们要考虑哪些内容？

_____

_____

_____

对任务进行分析，我们的任务有哪些？请填写表 3-3。

表 3-3　工作任务分解表

小组：　　　　　　　　　　　　　　　　　　　　　　　年　月　日

序　号	任务名称	任务内容	备　注

序　号	任务名称	任务内容	备　注

　　思考：和前面的工作任务分析相比，现在哪些工作需要更细化，是必做的？为什么？哪些是不必做的，为什么？

_____
_____
_____

2. 市场分析

　　（1）了解企业。请在网上查询小狗牌吸尘器的相关信息，对这家企业有一个全面的了解，包括企业规模、发展历程，企业文化、企业产品、品牌、所属行业、销售渠道、组织结构、促销活动等。

　　（2）了解企业店铺。请进入小狗电器旗舰店店铺（http://xiaogouds.tmall.com），仔细查看首页布局、促销活动、广告文案、促销产品，并对这些内容进行描述。

_____
_____
_____

（3）了解产品。什么是小家电？小家电有哪些种类？

_____

_____

进入企业店铺，查询产品信息，了解产品的分类、主要功能、价位。

_____

_____

说一下你喜欢哪一款产品，为什么？请从一个购买者的角度进行分析。

_____

_____

接下来，我们对小狗电器的竞争对手、吸尘器的消费者进行分析。消费者分析通过调查问卷来完成，竞争对手分析通过网上和网下调查来完成，这两份调查可以同时进行。

（4）消费者分析。对消费者进行分析，通过调查问卷来完成。要制定调研计划，确定人员分工与时间安排，设计调查问卷，对信息进行处理分析。请小组讨论分工，完成这部分内容。

_____

_____

小组交流成果向全班同学展示，并记录其他小组的成果。

_____

_____

（5）竞争对手分析。竞争对手分析通过网上和网下调研来完成。首先分析调研内容，确定调研任务和时间安排，制定调研计划；进行网上和网下调研，了解竞争对手情况。

_____

_____

（6）撰写报告。将以上内容整理好后，撰写市场调研分析报告，请注意格式和排版，以单独文件上交。

二、制定计划和决策

根据网络广告策划的工作过程及任务分解，结合本次任务的具体内容，请小组成员共同讨论，制定小组工作计划、个人工作计划，填写表3-4和表3-5。

表3-4　SNS网络广告策划小组工作计划

第___组：　　　　　　　　　　　　　　　　　　　　制定时间：　　年　月　日

表3-5　SNS网络广告策划个人工作计划

在制作工作计划时，有哪些心得体会？与前期任务相比，有哪些进步？

_____

_____

_____

三、实施与控制

明确了 SNS 网络广告策划任务及其相关信息，并制定了完整的工作计划后，让我们着手开始策划工作。首先，确定网络广告目标。其次，进行创意学习，完成创意和文案，并撰写网络广告策划书。最后，将成果进行展示汇报。

1. 确定网络广告目标

_____

_____

_____

2. 创意学习

（1）收集新鲜有趣的东西。在前面收集的基础上，你又收集了哪些有趣的话题、广告、帖子等？

（2）案例分析。5 月 20 日有的人说是"我爱你"的意思，也有的人认为是"布、剪子、石头"，就在这天，小狗电器策划人员在微博上策划了这样一则广告：

5·20［如果你决定告白了，会说什么呢］转发本条信息。@5 位以上好友，只要您的好友说出想要告白的内容并且关注我们，第 520 位粉丝，您和好友即可获得我们的精美礼品。

【评析】

创意非常好，创造了一个增加粉丝的机会。但是参加人数并不多，原因是活动说明不清晰，语句组织比较规矩，如果把主要内容提炼成关键词，用+号连起来，可能效果会好些。再加上奖品是什么和如何获奖，说明不清晰，让参加者无从下手。

【总结】创意非常好，但文案还需要下功夫推敲。

在小狗电器店铺首页、新浪微博或天猫店铺中的品牌故事中进行学习，说说你最喜欢哪则广告，为什么？具体案例请见第三部分。

_____

_____

_____

（3）向传统媒体学习。通过传统媒体，学习其他家电品牌的广告策划，请列出你认为创意较好的广告。

媒体：_____

品牌：_____

广告主题：_____

广告创意：_____

广告语：_____

媒体：_____

品牌：_____

广告主题：_____

广告创意：_____

广告语：_____

媒体：_____

品牌：_____

广告主题：_____

广告创意：_____

广告语：_____

（4）通过网络，收集家电品牌的网络广告，学习广告创意，并填写表 3-6。

表 3-6　家电产品网络广告创意收集表

序　　号	广告截图	广告来源	广告主题	广告语	广告表现

续表

序　号	广告截图	广告来源	广告主题	广告语	广告表现

（5）在新浪微博、淘宝"掌柜说"等 SNS 网站上寻找两家企业，了解它们的广告创意，并将它们的创意进行分类整理，填写表 3-7。

表 3-7　典型案例网络广告创意收集表

序　号	创意类型	案　　例	广告语	广告表现	广告预算	策划目的

说明：这里的"策划目的"指为了促销产品、宣传品牌、增加新粉丝、盘活老粉丝，与粉丝互动、增加粉丝的黏性等。

说明一下这两家企业在 SNS 网站进行宣传的广告特点，你有什么体会？

_____

_____

_____

_____

_____

（6）小组讨论，将以上收集的内容进行对比评价，并将评分较高的资料填写在表 3-8 内，选派代表在全班进行分享。

表 3-8　网络广告创意学习表

小组：　　　　　　　　　　　　　　　　　　　　　　　　日期：　　年　月　日

序　　号	内　　　容	负 责 人	资料来源	备　注

对其他小组分享内容进行记录。

_____

_____

_____

（7）创意案例收集评价。首先根据小组讨论情况对自己进行评价，再在小组内相互之间进行检查评价，最后由教师进行检查评价，填写表 3-9。

表 3-9　网络广告创意收集评价表

学号：　　　　　学生姓名：　　　　　　班级：　　　　　　教师：

序　　号	考核内容	自我评价（30分）	组内评价（30分）	教师评价（40分）	小　计
1	工作态度和纪律主动性				
2	信息收集的全面性和有用性				
3	资料的分类整理能力				
4	沟通能力（包括书面、口头、幻灯片）				
5	团队合作能力				
6	有时间观念，能够按时完成任务				
7	对小组的贡献				
8	合计				

说明：自我评价（30%）、组长评价（30%）、教师评价（40%），7 项考核内容的权重进行平均分配。

自我小结。（上述工作中有哪些体验与收获，有哪些做得比较好，有哪些存在着问题与不足，今后打算如何改进等。）

_____

_____

_____

_____

3. 网络广告创意

（1）独立思考。根据 SNS 网站广告的特性，在前面调查的基础上，每个小组成员进行独立思考。

我负责的 SNS 网站：_____

市场细分：_____

目标市场：_____

市场定位：_____

广告受众：_____

我的主题：_____

我的创意：_____

创意来源：_____

广告语：_____

（2）团队创意。在自己充分准备的基础上，小组开会，说出自己的主题和创意，请记录其他成员的主题和创意，填写表 3-10。

表 3-10　小组创意记录单

小组：　　　　　　　　　　　　　　　　时间：　年　月　日

小组成员	广告主题	广告创意	说　明

（3）确定小组主题和创意。共同讨论，确定小组最终的策划主题。

小组的策划主题：_____

_____

在创意选择时，如果有更优秀的创意出现时，小组可以共同讨论，决定采用哪个创意。

_____

_____

4. 网络广告文案

根据小组的创意和主题，先自己撰写网络广告文案，请考虑把以下内容包含在内：广告标题、广告语、活动细则、广告表现（广告类型、色彩、效果）、流量引入途径等。

广告标题：_____

广告语：_____

_____

_____

活动细则：_____

_____

_____

广告表现：_____

_____

_____

流量引入途径：_____

_____

_____

将以上内容确定后，小组开会进行讨论，对小组成员的各项内容进行评价，确定小组的文案，填写表3-11另附电子文档上交。

表3-11　小组讨论记录

小组名称：　　　　　　　　　　　　　　　　　　　　　　年　月　日

讨论主题：	
主持人：	记录人：

讨论内容：

结果：

写出小组的文案。

5. 网络广告发布

（1）网络广告媒介的选择。根据 SNS 网站的特点和市场调查结果，确定广告投放网站和投放位置。

1）媒体选择。准备选择哪些网站进行投放广告？标准是什么？

2）广告投放位置。打算和这些网站的哪些频道进行合作？具体的投放位置在哪里？

_____

_____

_____

（2）网络广告时间。确定网络广告发布的时间。

_____

_____

_____

（3）确定网络广告预算。根据本组选择的各个媒体，按位置、时段和广告形式的综合计费，以及奖品设置，计算出最终的广告预算，填写表 3-12 和表 3-13。

表 3-12　奖品费用预算表

序　　号	奖品设置	奖品单价（包括运费）	奖品发放数量	金额小计
1				
2				
3				
4				
5				
金额合计				

表 3-13　广告费用预算表

序　号	选择的网站	网站中的位置	广告时段	网络广告形式	费　用	奖品费用	小　计
1							
2							
3							
4							
5							
合计费用：							

6. 网络广告效果评估

可以参考的指标包括粉丝增加量、评论回复人数、转发次数、参与人数等。

（1）预期效果。

粉丝（或听众）数：＿＿＿＿＿＿＿＿＿＿＿＿＿＿＿＿＿＿＿＿

评论回复人数：＿＿＿＿＿＿＿＿＿＿＿＿＿＿＿＿＿＿＿＿＿

转发次数：＿＿＿＿＿＿＿＿＿＿＿＿＿＿＿＿＿＿＿＿＿＿＿

参与人数：＿＿＿＿＿＿＿＿＿＿＿＿＿＿＿＿＿＿＿＿＿＿＿

点击量（或浏览量）：＿＿＿＿＿＿＿＿＿＿＿＿＿＿＿＿＿＿＿

（2）活动结束后效果。

粉丝（或听众）数：＿＿＿＿＿＿＿＿＿＿＿＿＿＿＿＿＿＿＿＿

评论回复人数：＿＿＿＿＿＿＿＿＿＿＿＿＿＿＿＿＿＿＿＿＿

转发次数：＿＿＿＿＿＿＿＿＿＿＿＿＿＿＿＿＿＿＿＿＿＿＿

参与人数：＿＿＿＿＿＿＿＿＿＿＿＿＿＿＿＿＿＿＿＿＿＿＿

点击量（或浏览量）：＿＿＿＿＿＿＿＿＿＿＿＿＿＿＿＿＿＿＿

原因分析：＿＿＿＿＿＿＿＿＿＿＿＿＿＿＿＿＿＿＿＿＿＿＿

＿＿＿＿＿＿＿＿＿＿＿＿＿＿＿＿＿＿＿＿＿＿＿＿＿＿＿＿＿

＿＿＿＿＿＿＿＿＿＿＿＿＿＿＿＿＿＿＿＿＿＿＿＿＿＿＿＿＿

＿＿＿＿＿＿＿＿＿＿＿＿＿＿＿＿＿＿＿＿＿＿＿＿＿＿＿＿＿

＿＿＿＿＿＿＿＿＿＿＿＿＿＿＿＿＿＿＿＿＿＿＿＿＿＿＿＿＿

＿＿＿＿＿＿＿＿＿＿＿＿＿＿＿＿＿＿＿＿＿＿＿＿＿＿＿＿＿

＿＿＿＿＿＿＿＿＿＿＿＿＿＿＿＿＿＿＿＿＿＿＿＿＿＿＿＿＿

7. 网络广告策划书

将前面的内容整理一下，按照网络广告策划书的要求，撰写小狗吸尘器网络广告策划书。

小组的策划书

＿＿＿＿＿＿＿＿＿＿＿＿＿＿＿＿＿＿＿＿＿＿＿＿＿＿＿＿＿

＿＿＿＿＿＿＿＿＿＿＿＿＿＿＿＿＿＿＿＿＿＿＿＿＿＿＿＿＿

＿＿＿＿＿＿＿＿＿＿＿＿＿＿＿＿＿＿＿＿＿＿＿＿＿＿＿＿＿

8. 成果展示

请小组讨论，进行分工，制作展示文稿，将人员分工合作、完成方法、遇到的问题、解决办法和任务成果进行小结展示，要求小组成员全部参加，并安排好展示环节。

小组成员讨论如何进行展示汇报？如何进行分工？有哪些任务？

_____

_____

各小组展示自己的成果，对其他小组展示分享内容进行记录。

_____

_____

_____

四、检查

检查分为三部分：自我检查、小组检查和教师检查。

1. 自我检查

自我小结（上述工作中有哪些体验与收获，有哪些地方做得比较好，有哪些地方存在问题与不足，今后打算如何改进等）。

_____

_____

检查自己所负责工作的完成情况，看是否按期完成，是否符合预期目标，并自己设计检查表。

_____

_____

_____

2. 小组检查

小组成员开会，讨论本组 SNS 网络广告策划的完成情况，分析做得好的地方，自己存在的问题和不足，并提出改进方法，为后面的任务做准备。

_____

_____

_____

　　做得好的地方：_____

_____

_____

　　存在的问题与不足：_____

_____

_____

　　解决措施或改进方法：_____

_____

_____

　　（1）组长检查每个成员的完成情况，并设计检查表。

_____

_____

_____

　　（2）组长检查自己的工作完成情况，并设计检查表。

_____

_____

_____

　　（3）任务成果与其他小组相比，效果如何？

_____

_____

_____

3. 教师检查

　　教师对学生工作的完成情况进行检查，教师填写表 3-14。

表 3-14　任务完成情况检查表

序　号	小　组	完成情况	是否按期完成	是否符合预期目标	具体说明

五、评价

1. 自我评价与组内评价

　　自己设计评价表，对自己的完成情况进行评价。

_____

_____

_____

_____

　　小组讨论，制定评价表，对小组成员完成情况进行组内互评。

_____

_____

_____

_____

2. 组间评价（成果展示评价）

　　成果展示时，学习其他小组的优秀成果，根据展示情况，对其他小组展示情况进行评价，评价表为 1 个/组，填写表 3-15。

表 3-15　SNS 网络广告策划成果展示评价表

小组：　　　　　　　　　　　　　　　　　　　　　　　　　　　　　　　年　月　日

考核项目	考核要求	分　值	得　分
演讲组织 （15 分）	有主持人	3	
	所有成员参与了汇报展示	5	
	在汇报展示时，分工合理	5	
	时间控制好，在规定时间内完成	2	
内容选取 （15 分）	展示内容正确	5	
	内容选取与比例分配适当	5	
	内容适合听众	5	
内容结构 （20 分）	标题新颖，能够吸引听众	4	
	有目录，使听众对内容有一个基本的了解	4	
	导入时能够激发听众的兴趣	4	
	主要内容演讲清晰，能够引导听众思路	4	
	进行了有意义的总结，能够激发大家进行思考	4	
语言仪态 （30 分）	汇报者与听众有目光交流	5	
	仪态举止端庄大方，姿势、手势得体	5	
	用词准确，句法完整，汇报流畅	5	
	语言表达和肢体语言展示的内容让听众容易理解	5	
	用词幽默，吸引听众	5	
	能够对听众提出的问题进行准确的回答	5	
媒体运用 （10 分）	汇报者能够熟练地应用媒体	5	
	运用的媒体有助于汇报效果的提升	5	
资料运用 （10 分）	说明了如何收集资料，并进行资料的应用	5	
	说明了参考资料来源	5	
展示汇报小计（70%）			
问题 1：		10 分	
问题 2：		10 分	
问题 3：		10 分	
问题回答小计（30%）			
合计			

3. 教师评价

教师评价分两部分，即任务完成情况评价（70%）和成果展示评价（30%）。成果展示评价表如表 3-15 所示，任务完成情况评价表如表 3-16 所示。

表 3-16　SNS 网络广告策划教师评价表（任务完成情况）

小组：　　　　　　　　　　　　姓名：　　　　　　　　　　　年　月　日

任务内容	考核项目	序号	考核要求	分值	得分
SNS 网络广告策划	专业能力（40分）	1	对工作任务及内容的正确认识与把握	4	
		2	对完成任务所需各种资料和信息的认知与掌握情况	4	
		3	制定了计划方案	2	
		4	在完成任务前，能够对工作现状进行全面的分析	4	
		5	能够进行环境分析，制定广告策略、广告计划，并对实施情况进行评估，并撰写网络广告策划书	8	
		6	独立完成情况	4	
		7	在规定的时间内完成	2	
		8	完成的任务符合要求，质量好	4	
		9	自我检查评价方法合理	2	
		10	能够对自己进行反思，如实描述自己的优点、不足之处，改进方法	4	
		11	网络广告策划书格式排版正确，语言专业流畅，思路清晰完整	2	
	行为规范（8分）	12	按时出勤，按时上下课，保持教室整洁	2	
		13	着装规范得体，注重工作礼仪、礼貌用语	2	
		14	遵守规章制度，按工作要求和工作规范完成工作	2	
		15	学习态度积极，诚信，服从分配，积极承担工作任务，完成效率高，具有良好的职业道德	2	
	自我管理10分	16	明确自己的工作内容，有责任感	3	
		17	能够按照计划完成自己的工作	2	
		18	对自己个人发展和职业发展有明确的定位和目标	2	
		19	能够将学到的知识技能运用到实际工作中	3	

续表

任务内容	考核项目	序号	考核要求	分值	得分
SNS 网络广告策划	团队合作（8分）	20	能够尊重小组成员，认真听取每个人的意见、建议和观点	2	
		21	能够和小组成员进行有效地合作	3	
		22	能够进行有效的工作，为小组和整个组织做出贡献	3	
	沟通表达（8分）	23	收集信息，通过整理信息进行消化吸收，并得到有效的运用	2	
		24	能够将成果进行展现，展示技巧合理，效果好	2	
		25	具有口头表达和口头交流的能力	2	
		26	语言专业流畅，思路清晰完整，书面表达能力强	2	
	问题处理（6分）	27	能够发现和辨别突发事件和异常情况	3	
		28	遇到问题时能够及时解决	3	
	专业运用能力（5分）	29	能够运用专业知识和技术解决实际问题	5	
	资料整理（5分）	30	明确知道有哪些工作资料需要整理	2	
		31	能够将资料进行分类	1	
		32	工作过程资料齐备、完整，整理有序，有目录、会议记录、工作计划、评价等	2	
	创新扩展（10分）	33	能够形成可扩展、可迁移、可持续的专业能力	5	
		34	能够运用专业知识和专业技术提出新观点、新思想	5	
	加分项	35	能够按时，按质完成任务，并能为其他成员提供帮助	5	
		36	为完成任务提出合理化建议	10	
	减分项	37	缺勤、迟到、早退、半途擅自离岗等行为	−5～−30	
		38	玩游戏、故意损坏公物、不服从工作安排、顶撞领导、打架骂人、上网做与工作无关的事情、工作时间聊天等违纪行为	−5～−30	
		39	没有按照计划要求交付工作成果	−5～−30	
		40	完成的工作没有达到要求，没有明显的效果	−5～−30	
小计				100	

4. 考核评价汇总表

评价权重：自我评价（10%）+组内评价（10%）+组间评价（10%）+教师评价（70%）。

5. 撰写工作总结

根据同学和老师的评价结果和提出的建议，修改策划书，并写出完成本任务的工作总结，小组成员每人一份。修改好的小组策划书和个人工作总结可以以电子版上交。

6. 资料整理上交

任务完成后，将所有过程资料或文件按类别整理好。请小组讨论确定整理方法和资料整理表。

第三部分

学 习 资 料

一、SNS营销

1. SNS

SNS 全称为 Social Networking Services，意思是社会化网络服务，是指帮助人们建立社会化网络的互联网应用服务。目前人们对 SNS 的理解有狭义和广义之分。

狭义的 SNS，全称 Social Network Site，专指"社交网站"或"社交网"，如 Facebook 这样的网站，是互联网发展过程中出现的一种新型网站模式。

广义的 SNS，像博客、网络相册、视频网站、即时通信软件、同学录网站等有更多人积极参与贡献，有集体分享精神，有网络社区化概念，并融入人们真实社会关系的新型网络形态，都可以包含在 SNS 的概念中。现在许多 Web 2.0 网站都属于 SNS 网站，如博客、微博、社会化网站、信息社会化网站（如百科和问答类网站）、社会化书签网站、社会新闻网站、用户评价网站、婚恋交友网站、网络相册、视频、播客、社交游戏、即时通信工具、同学录网站、RSS、音乐共享等。本书中 SNS 指的是广义的 SNS。如图 3-1~图 3-7 所示，都是 SNS 网站。

图 3-1　珍爱网

图 3-2　聚友网

图 3-3　豆瓣网

图 3-4　开心网

图 3-5　人和网

图 3-6　人人网

图 3-7　51游戏网

2. SNS 营销

SNS 营销就是利用 SNS 网站的分享和共享功能，通过病毒式传播的手段，让企业的产品被众多的人知道，这是一种基于六维理论的营销。SNS 网站上聚集了大量的用户，只要有人的地方就可以做营销。

目前有多家公司将它们的产品和广告植入 APP 游戏中，例如，伊利牛奶成功地把营养舒化奶植入到了人人餐厅小游戏里；王老吉更是开发出了"王老吉庄园"；"纯果乐"则植入了阳光牧场里，让用户在玩游戏的过程中，一步一步去了解其产品。这种营销推广比传统营销更加精准、有效。

（1）SNS 营销阶段过程

1）接触（Touch）消费者。

2）消费者产生兴趣（Interest）。

3）消费者与品牌互动（Interactive）。

4）促成行动（Action）。

5）分享（Share）与口碑传播。

（2）SNS 营销特点

1）资源丰富。

2）用户依赖性高。

3）互动性极强。

4）SNS 网站的价值。

3. SNS 网络广告策划

企业形象宣传是整合企业资源，统一企业形象，传递企业信息，它可以促进受众对企业的了解，增强信任感，从而为企业带来商机。以宣传企业形象为目标的网络广告策划不同于产品推广和促销活动的策划，其更侧重于企业形象展示和宣传、与受众的互动等。本书中主要指选择 SNS 网站，进行网络广告策划，向受众宣传企业品牌和形象。

二、其他营销基本概念

1. 网络整合营销概念

在深入研究互联网各种媒体资源（如门户网站、电子商务平台、行业网站、搜索引擎、分类信息平台、论坛社区、视频网站、虚拟社区等）的基础上，精确分析各种网络媒体资源的定位、用户行为和投入成本，根据企业的客观实际情况（如企业规模、发展战略、广告预算等）为企业提供最具性价比的一种或多种个性化网络营销解决方案就称为整合式网络营销，也叫网络整合式营销、个性化网络营销。简单地说，就是整合各种网络营销方法，和客户的客观需求进行有效比配，给客户提供最佳的一种或者多种网络营销方法。

网络整合营销的 4I 原则：趣味原则（Interesting）、利益原则（Interests）、互动原则（Interaction）、个性原则（Individuality）。

案例

伊利网络整合营销案例

伊利旗下王牌产品"伊利营养舒化奶"出现在 SNS 社交网站"人人网"的人人餐厅中，成为人人网友"补充体力"的首选，在网友体验和游戏中，实现了产品功能的展示推广。

伊利以"舒化营养好吸收"为诉求点，并承诺要"实现全民健康饮奶"，通过各种广告、公关、事件营销、跨界营销，网络营销等多种方式向消费者传达这些理念。作为一款高科技含量、高附加值的明星产品，伊利"营养舒化奶"满足了不同程度的乳糖不易吸收者的饮奶需求。

但是，消费者是否对"舒化营养"这一价值真正理解并愿意为此付出溢价，如何能够将产品的"健康营养，舒化好吸收"给消费者带来的真正益处让消费者理解、体验并认同，从而促进并持续维系消费者购买意愿，这是摆在伊利面前的重要课题。这时，伊利想到了人气十足的人人网。

伊利将真实的品牌融入虚拟的餐厅中，这就使得故事变得好玩又有趣。

1. 游戏设置

伊利巧妙将游戏植入，使得商品变成了游戏的道具。

人人网是国内 SNS 网站的代表，其网民群体多以白领和高校学生为主。"人人餐厅"是人人网上继"开心农场"、"阳光牧场"之后，又一款在白领间广泛流行高参与、高互动的社交游戏，目前已拥有注册用户数近 700 万人，日均活跃用户超过 100 万人。其中，游戏用户每天都有一个必需环节——"补充体力"，这样才能确保游戏高效率地持续性进行。

伊利将"营养舒化奶"，设置为"补充体力"的必要环节，用户在使用之后能够瞬间恢复体力，用最直观、有效的方式讲述"舒化营养好吸收"的实际特色。这种巧妙的植入，促使用户切实理解"舒化奶"带给他们的真正价值。一个月内，伊利"营养舒化奶"作为补充体力的道具共被使用超过 1.7 亿次。

此外，对于这款 APP 游戏其他植入式的应用，伊利也发挥得淋漓尽致，同样一个月内，以"营养舒化奶"为食材的用户累计超过 1.6 亿次，并有超过 200 万人次用舒化奶制作新菜品，好友餐厅之间街道上的无干扰广告牌的设置，对累计超过 4 000 万名参与用户进行曝光，无一不体现伊利独具匠心的营销构思。

2. 精准营销

现今的白领人群或多或少都面临着工作和生活上的双重压力，对于健康营养尤为看重，也乐于为此"高价理单"，伊利锁定这部分人群为重点沟通对象。而时下风靡于白领人群之间的流行元素，其中不可或缺的就是 SNS 社交网站。白领用户在 SNS 上与朋友互动交流、分享心得、深度参与 APP 游戏，同时，规模化的用户群体根据各自的兴趣和喜好形成了不同的圈子，这些都为口碑的扩散和正向体验的形成提供了有力的保障。

SNS 社交网站的营销价值和潜能正在逐步凸显和释放，成为众多企业在媒介策略中不可忽视的重要组成部分。伊利在深入研究 SNS 用户群体的价值和行为特征后，选择与知名 SNS 社交网站人人网进行合作，将产品理念植入时下正火的"人人餐厅"，将产品功能关联到游戏环节，促使用户在参与游戏过程中，全面体验"营养舒化奶"带来的种种利益，"舒化营养好吸收"的核心诉求也随着大量用户的参与，得到进一步深度的认知与认同。

借 SNS 火爆之势和"人人网"精准的目标用户匹配，伊利在 SNS 营销和植入式营销做出了前瞻性的探索和深入的挖掘尝试，成功形成了正向的产品体验和口碑传播，对"营养舒化奶"核心信息的传递及进一步的销售起到了积极的推动作用，体现了伊利快速跟随消费者媒体转移步伐，成就了本土快消品品牌在应用最新 SNS 社交媒体的新典范。

3. 整合营销 4I 原则

（1）趣味原则（Interesting）。整合营销中非常重要的一个原则就是趣味原则。中国互联网的本质是娱乐属性的，所以在互联网上的广告、营销也必须是娱乐化、趣味性的。伊利在"人人网"上做广告，将品牌植入网页游戏应用中。人们在游戏中补充体力，还可以将其作为食材，做自己想做的菜，让人们娱乐的同时，充分了解产品特性，加深了大家对伊利舒化奶的印象，使传播变得有趣、快乐。

（2）利益原则（Interests）。消费者不喜欢广告，但消费者需要其需求产品的相关信息与资讯，所以说广告的最高境界是没有广告，只有资讯。直接推销只会引起消费者的反感，伊利采用植入的方式，将舒化奶注入人们经常玩的应用游戏中去，增加人们对产品的印象，使人们和产品的距离拉近，久而久之，人们就会去体验产品，增加品牌收入，因为他们选用的平台是当下比较流行的社交网站，流动性大，点击率高，受众面广，是一个广泛宣传产品的地方，能产生广泛的影响和丰厚的利润收入。

（3）互动原则（Interaction）。网络媒体区别于传统媒体的另一个重要的特征是其互动性。充分挖掘网络的交互性，充分地利用网络的特性与消费者交流，不要再让消费者仅仅单纯接受信息，数字媒体技术的进步，已经允许我们能以极低的成本与极大的便捷性，让互动在营销平台上大展拳脚，而消费者完全可以参与到网络营销的互动与创造中来。伊利和人人网的联手，为人们提供了一个互动的平台，让人们在游戏的同时，增加了人们和产品的互动，一次的互动可能不会让你记住这个产品，但是在这种每天人们都乐此不疲的游戏中加入产品元素的方式，往往这种人们和产品互动的营销方式，更能深入人心，更能打动消费者的心。

（4）个性原则（Individuality）。伊利将产品以游戏道具的方式嵌入现在比较流行的人人网的人人餐厅应用中，相比较其他品牌的硬广告或其他媒介的广告更加别具匠心，打破传统的营销方式，将产品融入 SNS 社交网站，强化与消费者的深度沟通，树立了品牌个性，并带来了更深远、更广泛的影响。

资料来源：http://blog.sina.com.cn/s/blog_6fec6bc90100ng3y.html

2. 口碑营销

口碑营销是指企业努力使消费者通过亲朋好友之间的交流将自己的产品信息、品牌传播开来。这种营销方式成功率高、可信度强。从企业营销的实践层面分析，口碑营销是企业运用各种有效的手段，引发企业的顾客对其产品、服务以及企业整体形象的谈论和交流，并激励顾客向其周边人群进行介绍和推荐的市场营销方式和过程。

3. 互动营销

互动营销是指企业在营销过程中充分利用消费者的意见和建议，用于产品的规划和设计，为企业的市场运作服务。企业的目的就是尽可能生产消费者需求的产品，但企业只有与消费者进行充分的沟通和理解，才会有真正适销对路的商品。互动营销的实质就是充分考虑消费者的实际需求，切实实现商品的实用性。互动营销能够促进相互学习、相互启发、彼此改进，尤其是通过"换位思考"会带来全新的观察问题的视角。

互动营销的表现方式目前主要有付费搜索广告、手机短信营销、广告网络营销、博客广告和电子邮件市场营销等，主要借助互联网技术实现营销人员和目标客户之间的互动。

互动营销是精准营销模式的核心组成部分，是实现和客户互动的主要手段之一，互动营销强调和客户良性互动。精准营销的互动营销采取各种有效互动形式，紧紧抓住消费者心灵，在顾客心中建立鲜活的品牌形象。

4. 病毒式营销

病毒式营销（Viral Marketing，又称病毒性营销）是一种常用的网络营销方法，常用于进行网站推广、品牌推广等，病毒式营销利用的是用户口碑传播的原理，在互联网上，这种"口碑传播"更方便，可以像病毒一样迅速蔓延，因此病毒式营销（病毒性营销）成为一种高效的信息传播方式。而且，由于这种传播是用户之间自发进行的，因此是一种几乎不需要费用的网络营销手段。

病毒式营销并非真的以传播病毒的方式开展营销，而是通过用户的口碑宣传网络，信息像病毒一样传播和扩散，利用快速复制的方式传向数以千计、数以百万计的受众。微信的病毒营销如图 3-8 所示。

图 3-8　微信的病毒营销

5. 关于品牌

（1）品牌和商标的区别。关于商标和品牌的区别，有许多人把商标当品牌，我们可以从几个方面理解。

1）在国家工商局注册的是商标，不是品牌。商标注册时，品牌还没有形成。

2）商标可以注册，可以保护。而品牌不能注册，也不能在法律上进行保护。品牌的保护只能通过商标、申请知识产权保护等方式间接地、有限度地保护。

3）品牌是消费者心中的烙印。当品牌消失时或当拥有品牌的企业破产时，商标仍有效。

（2）品牌必须具备的基本要素有以下几个。

1）要有质量保证。

2）是个性化的。

3）承载着商品信息，是商品信息的巨大载体，品牌信息包括品牌的质量、设计、工艺、包装、用途等技术信息和功能信息；法律环境、知识产权和商标保护环境、舆论与广告传播等制度信息；产业文化、民族习惯、符号价值、信息含量等文化信息。

4）要有丰富的对应式联想。也就是说，一提到该品牌就有丰富的联想，而且是对应式联想，这种产品联想一定是超越功能的。例如，一提到麦当劳，消费者想到的是汉堡、孩子、快乐，如图 3-9 所示。一看可口可乐，我们就想到快乐、时尚、前卫、活力四射，如图 3-10 所示。

图 3-9　麦当劳联想

图 3-10　可口可乐联想

5）有极强的创利能力。品牌有一定的信任度、追随度，企业可以为品牌制定相对较高的利润。

6）品牌与消费者有情感联系。无论消费者消费什么产品，最后都是为了情感的依附。得人心者得品牌 。一个好的品牌应具有强大的感染力，它在企业与顾客之间建立起一种有亲和力的关系，能够培养消费者为此相伴一生的忠诚。

7）品牌一定是可持续长久发展的。

8）必须有文化含量。品牌的竞争是一种内涵上的竞争，也就是文化上的竞争。品牌就是把消费者的所得不断的消费行为变成习惯，习惯久页久之形成文化。

三、案例分析

这里的案例按照投放媒介是否为 SNS 网站进行分类介绍。

1. 平台网站广告案例

广告主：小狗电器淘宝旗舰店。

广告来源：淘宝网首页（见图 3-11）。

图 3-11　小狗电器淘宝首页焦点

【案例分析】这则广告从众多淘宝"包邮、降价"的广告中脱颖而出，给人耳目一新的感觉。

小狗电器以前的广告明确地告诉消费者广告的是什么产品，活动内容是什么，这样可以减少无效点击，很好地锁定了目标顾客，转化率能够达到 10%，是行业中偏高的。这次，企业进行大胆尝试，以耳目一新的形式出现，这样吸引了大家的眼球，因为看到这则广告时，不知道广告的是什么，猜想可能是吸尘器、洗衣机，甚至有的人认为是成人用品广告，于是便产生了好奇心，这样增加了无效点击，但同时也增加了企业展现的机会，提高了品牌的认知。

点击焦点图进入促销页面如图 3-12 所示，链接页面如图 3-13 所示。

图 3-12 焦点图

图 3-13 小狗电器广告链接页面

2. SNS 网站广告案例

案例来源：小狗电器新浪官方微博

案例时间：2011 年 4 月

【案例分析】（1）2011 年 4 月底，小狗吸尘器 D-928 在淘宝商城店铺的销量马上要达到 3 万台了，以此为话题准备策划一个活动。这样主题就定下来了，重点是通过什么创意来完成这个策划活动。

（2）广告主题：为小狗吸尘器 D-928 征名。

（3）广告创意：主题有了，需要通过创意来表现这个主题。一般来说，征名分三步完成，首先是让大家想出一些好听的、有创意的、符合产品特性的名字，其次是让大家来投票，选出一个大家喜欢的名字，最后要让大家知道这个名字。小狗电器微博广告如图 3-14 所示。

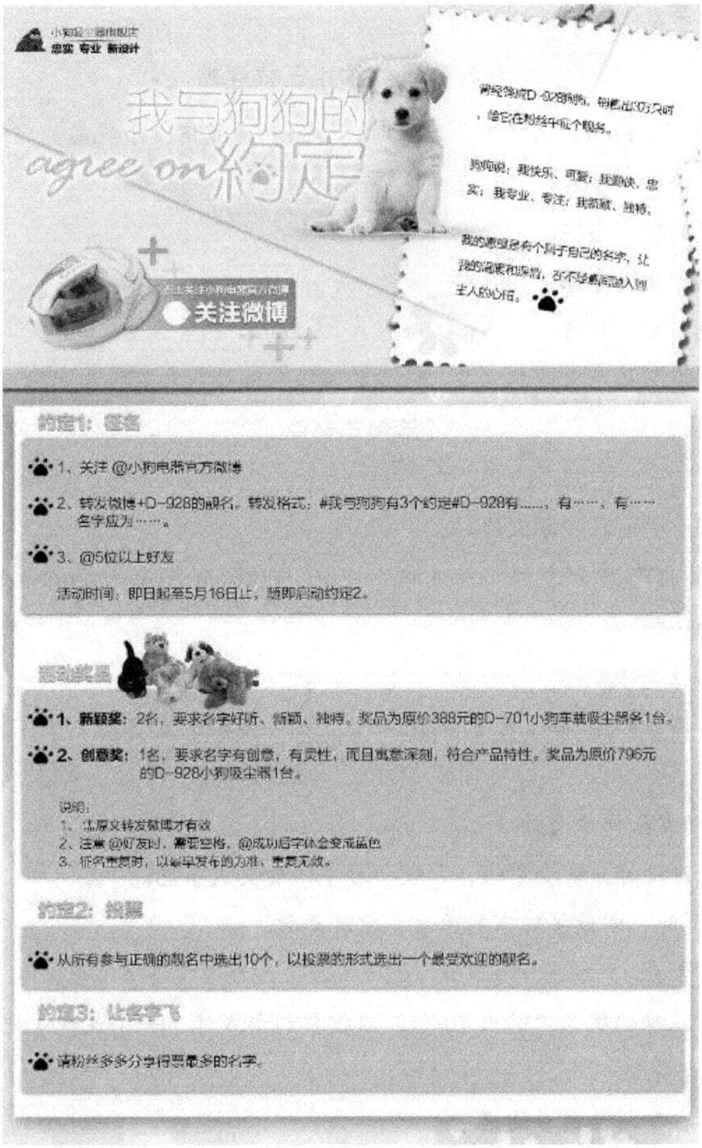

图 3-14　小狗电器微博活动广告

资料来源：小狗电器新浪微博（http://t.sina.com.cn/2004371293/ezjyaHBs8At）

吸尘器的品牌是小狗，同时还要体现品牌的特质，就是可爱、忠实，所以可以把产品拟称为"狗狗"。有一部电影叫《狗狗与我的十个约定》，正好可以借鉴，创意就有了——"我与狗狗的三个约定"，以小狗狗的口吻来表达了想要有个名字的愿望，活动内容也就出来了。约定1：征名；约定2：投票；约定3：让名字飞。

（4）广告表现。醒目的广告语，以橙黄色为背景颜色，用书签的形式将狗狗的愿望讲出来，同时配上一只可爱的小狗。

（5）广告文案。

我与狗狗的约定三集连播

曾经答应 D-928 狗狗，销售出 3 万只时，给它在粉丝中征个靓名。

狗狗说：我快乐、可爱；

我勤快、忠实；

我专业、专注；

我新颖、独特。

我的愿望是有个属于自己的名字，让我的温暖和深情，在不经意间融入到主人的心田。

活动三部曲

约定1：征名

1. 关注 @小狗电器官方微博

2. 转发微博+D-928 的靓名。转发格式：#我与狗狗有 3 个约定#D-928 有……有……有……名字应为……

3. @5 位以上好友。

活动时间：即日起至 2011 年 5 月 16 日止，随即启动约定2。

说明：

1. 需原文转发微博才有效。

2. 注意 @好友时，需要空格，@成功后字体会变成蓝色。

3. 征名重复时，以最早发布的为准，重复无效。

约定2：投票

从所有参与正确的靓名中选出 10 个，以投票的形式选出一个最受欢迎的靓名。

约定3：让名字飞

请粉丝多多分享得票最多的名字。

活动奖品：

1. 新颖奖：2 名，要求名字好听、新颖、独特。奖品为原价 388 元的 D-701 小狗车载

吸尘器各1台。转发次数不足200时，选取1名，超过200时，选取2名

2. 创意奖：1名，要求名字有创意，有灵性，而且寓意深刻，符合产品特性。奖品为原价796元的D-928小狗吸尘器1台。转发次数超过200时，选取1名。

3. 入围奖：7名。镜头形水杯。

4. 参与奖：若干名。对于积极转发的，有小礼品赠送。

活动预算

略。

参考文献

[1] 周琳，夏永林. 网络广告[M]. 西安：西安交通大学出版社，2008.

[2] 杨英梅，宁萍，马智萍，王蕊. 网络广告设计[M]. 北京：机械工业出版社，2010.

[3] 杨坚争，王秋华，杨立钒. 网络广告学实验[M]. 北京：电子工业出版社，2008.

[4] 百度百科：http://baike.baidu.com/view/1501271.htm

[5] 豆丁网：http://www.docin.com/p-23685216.html

[6] 百度百科：http://baike.baidu.com/view/9169.htm

[7] 百度百科：http://baike.baidu.com/view/1919066.htm

[8] 百度百科：http://baike.baidu.com/view/258957.htm

[9] 百度百科：http://baike.baidu.com/link？url=JUgU1KNMFLr0BXeQ73AtxbinAQRuvyt
TGUXzJsS0 XuuhqGl5aL0mdJNAY6cgRfykP568iFMZRwCu00WydJA0YHkiaoj1acjPnc3
BFXLtL8DamqqK8vh-63R5-fAbHyKa

[10] 倪宁、陈绚. 广告精点[M]. 北京：中国建材工业出版社，1996.

[11] 经销商应有的促销企划能力_2451：http://www.doc88.com/p-772476947188.html

[12] 祝福网：海鲜饭店餐饮广告语，http://www.xzhufu.com/2012-02-16

[13] 促销，http://baike.baidu.com/view/2563.htm

[14] 促销策略，http://baike.baidu.com/ 2011-11-17

[15] 百度百科：http://baike.baidu.com/subview/1319790/1319790.htm

[16] 百度知道

[17] 百度图库

[18] 京东网

[19] 淘宝网